LEBEN IN DEN BERGEN

LEBEN IN DEN BERGEN

Jan Štursa, Pavel Procházka

DÖRFLER

Einleitung

Aus großer Höhe sehen die Kuppen, Hügel und Bergriesen, die auf allen Kontinenten im Lauf der Entwicklung unseres Planeten von ungeheuren geologischen Kräften geformt wurden, wie Runzeln in einem Gesicht aus. Aus der Nähe tut sich dem Betrachter jedoch eine Wunderwelt auf, deren wilde Schönheit, Harmonie und Ordnung sich weitgehend von allen anderen Orten auf unserer Erde unterscheiden.

Die Berge sind ein grandioser Schauplatz, auf dem sich eine fast dreieinhalb Milliarden Jahre alte Geschichte abspielt, voller dramatischer Konflikte der Naturkräfte. Damals erstarrte die Erdrinde, um dann nach und nach im Zuge der verschiedenen gebirgsbildenden Prozesse gefaltet, verworfen und unterschiedlich in die Höhe gehoben zu werden. So entstanden Gebirgsmassive verschiedenster Formen und Größen, aus vielerlei Gesteinsarten aufgebaut, an deren Oberfläche Zeit und Naturkräfte ihr unermüdliches Zerstörungswerk begannen. Wind, Wasser, Frost und Eis haben die Gebirge im Rhythmus der unerbittlichen Naturgesetze umgeformt, im Bund mit einer farbenfrohen Pflanzen- und Tierwelt. Im Lauf der Zeitalter haben sich die Gebirge als selbstständige, voneinander isolierte „Naturinseln" inmitten von Tiefebenen und Hügellandschaften entwickelt. Sie unterscheiden sich in ihrer Höhe über dem Meeresspiegel, ihrer Entfernung zum Äquator, den Polen oder Ozeanen, in ihrer Gesteinszusammensetzung, den Niederschlags- und Sonnenscheinmengen. Es sind Inseln, die in mannigfaltigen Formen, Farben und Düften prangen, mit beeindruckenden Vertretern aus dem Pflanzen- und Tierreich.

Anfänglich schaute der Mensch in Demut, Ehrfurcht und mit Beklommenheit zu den Bergriesen auf, um dann allmählich den in ihrer Natur verborgenen Reichtum zu entdecken und zu nutzen – Quellwasser, Mineralien, Heilkräuter, Holz und Wild. In seinem Erkenntnisdrang kämpfte sich der Mensch immer weiter hinauf und in immer fernere Gebirge vor, drang tiefer in die Täler ein und entdeckte so das Wesen der Naturerscheinungen und -ereignisse im Leben der Bergwelt. Er lernte in ihrer geologischen Beschaffenheit zu lesen, erforschte die Zeichen von einstigen Bewegungen der Erdoberfläche und erkannte an Form und Gestalt der Berghänge das Alter der verschiedenen Gebirge sowie die Vorgänge, die sich dort vor hunderttausenden, ja Millionen von Jahren abgespielt haben. Der Mensch lernte die Handschrift von längst verschwundenen und noch vorhandenen Gletschern zu entziffern, die Formen der Berge zu deuten, die jahrhundertealten Wege der Bergwinde zu erkennen und den Einfluss der gewaltigen Gebirgsbarrieren auf die Klimabildung in einer Landschaft zu entschlüsseln. Beim Erklimmen der Gipfel erkannte er die ordnenden Gesetzmäßigkeiten in einem bunten Mosaik aus Pflanzen- und Tiergesellschaften, die die Berghänge bevölkern. Gerade wegen ihrer ungeheuren Buntheit und Vielfalt wuchs die Bergwelt dem Menschen ans Herz und er wurde sich bewusst, dass die Dynamik, mit der sich das Leben von den dichten Bergwäldern am Fuß bis zur Flechtentundra hoch oben auf den Kämmen ändert, vom grandiosen Zusammenspiel aller auf Erden herrschenden Naturkräfte herrührt.

Die einzelnen Kapitel dieses Buches wollen Begleiter auf der Wanderung durch die bunte Welt der verschiedenen Gebirge auf unserer Erde sein, wobei das Schwergewicht auf den Hochgebirgen Europas liegt, die die Verfasser auf ihren Reisen am gründlichsten kennengelernt haben. In der hektischen und technikbeherrschten Gegenwart werden die „Inseln" der Gebirgsnatur zu einem der letzten Schauplätze für die Vielfalt des Lebens auf unserem Planeten. Gründliche Kenntnis und Respekt vor den in den Gebirgen stattfindenden Naturprozessen sind die wichtigste Voraussetzung für die Erhaltung dieser Bergwelt.

Leben in den Bergen

Text: Jan Štursa
Übertragung aus dem Tschechischen: Jürgen Ostmeyer
Illustrationen: Pavel Procházka
Fotografien: Jiří Havel (59), Jan Štursa (46), Zdeněk Veselovský (27), Jan Vaněk (17), Oldřich Karásek (3), Přemysl Pavlík (3), Miloš Anděra (2), Pavel Rödl (2), Jiří Formánek (1), Karel Hník (1), Václav Kříž (1)
Graphische Gestaltung: David Dvořák

© 1999 AVENTINUM NAKLADATELSTVÍ, s.r.o., Prag

Alle Rechte an der deutschen Ausgabe: „Edition DÖRFLER" im NEBEL VERLAG GmbH, Utting, 2000

ISBN 3-89555-228-3
Printed in the Czech Republic
3/99/82/52-01

Inhalt

Einleitung 4

Die Welt der Berge
7

Wälder am Gebirgsfuß
15

Oberhalb der Waldgrenze
29

Bergwiesen
39

Auf Fels und Geröll
51

An den Quellen der Flüsse
61

Geheimnisvolle Welt der Moore
69

Am Wildbach
79

Das Leben in kalten Bergseen
87

Schnee- und Eiswüsten
95

Gebrechliches Gleichgewicht 103

Register 107

Die Welt der Berge

Eine atemberaubende Vielfalt von Formen, Farben, Klängen und Düften – das ist die Welt der Hügel, Berge und Bergriesen, die im Lauf der Jahrmillionen in fast allen Winkeln unserer Erde entstanden ist. Wind, Wasser, Frost und Eis verformen ohne Unterlass das, was die in der Tiefe der Erde verborgene Energie immer von neuem an die Oberfläche bringt. Alte Gebirge gehen unter, neue werden geboren und bieten auf ihrer Oberfläche Lebewesen in unüberschaubarer Zahl einen Lebensraum. Die Zähigkeit, mit der diese sich den rauen Bedingungen der Bergwelt anzupassen wissen, ist erstaunlich. Auch der Mensch hat die Berge besiedelt, um schließlich ihre reichen Schätze zu nutzen. Zugleich hat er Einblick in die Gesetzmäßigkeiten gewonnen, denen die Welt der Berge unterliegt. Durch die Felswände erhielt er Aufschluss über grandiose Vorgänge vergangener Erdzeitalter; er begriff Ursachen und Gesetze für viele Witterungserscheinungen und erkannte, warum sich die Pflanzen- und Tiergesellschaften in Granit-, Kalkstein-, Basalt- oder Sandsteingebirgen voneinander unterscheiden, warum manche Geschöpfe die schattigen Täler besiedeln, während sich andere auf den windgepeitschten Felsgipfeln festgesetzt haben. Er verstand, dass in jedem Gebirge ein eigenes Leben pulsiert, dessen Rhythmus sich aus dem Zusammenspiel vieler Naturkräfte ergibt.

1 **Die Granitkathedralen** des Fitz-Roy-Massivs in den Patagonischen Anden stehen als Symbol für die raue Welt des Hochgebirges, genau wie der majestätische Steinadler (2).

MITTELEUROPA

EUROPÄISCHE HOCHGEBIRGE

SÜDEUROPA

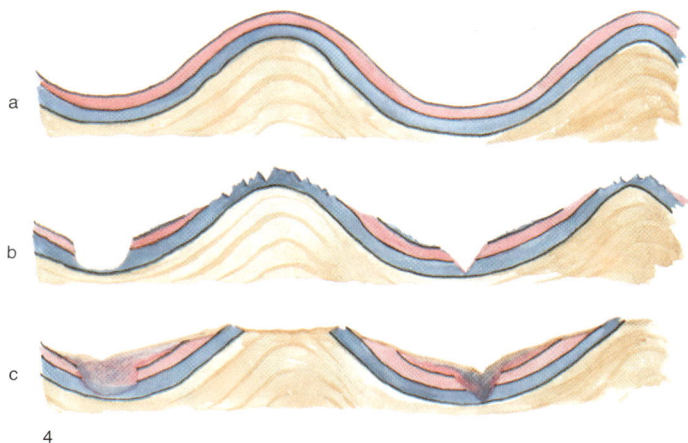

4 Gebirge entstehen und vergehen: (a) junges Gebirge im Stadium der Hebung und Faltung; (b) älteres Gebirge mit frostmodellierten Felsgipfeln und Spuren von Gletscher- und Flusserosion an den Hängen; Gletscher schaffen U-förmige Trogtäler, Flüsse V-förmige Kerbtäler; (c) altes, durch Erosion, Denudation, Abtransport und Ablagerung des verwitterten Materials in eine abgeflachte Fastebene umgeformtes Gebirge.

Gebirgsbildende Prozesse

Es ist nicht lange her, da galten die Kontinente noch als unveränderliche Gebilde und die tiefsten Gründe der Ozeane als die ältesten Stellen der Erdoberfläche. Erst der deutsche Forscher Alfred Wegener (1890–1930) erbrachte wichtige Beweise für die Bewegung (Drift) der Kontinente, die noch vor etwa 200 Millionen Jahren zu einer einzigen großen Landmasse verbunden waren – zum Urkontinent Pangäa. Dieser ist allmählich auseinander gebrochen, seine Teile sind bis in ihre heutigen Positionen abgedriftet und haben die Gestalt der heu-

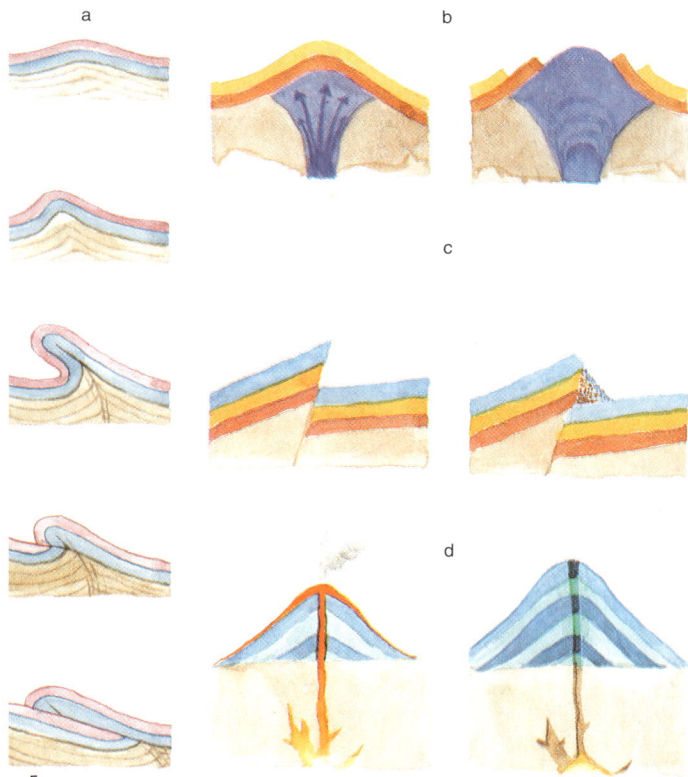

7 Vegetationsstufen: Alle 100 m ü. d. M. sinkt die Lufttemperatur um mehr als ein halbes Grad Celsius; gleichzeitig nimmt der Luftdruck ab, doch dafür nehmen Wind, Luft- und Bodenfeuchtigkeit sowie die Menge der UV-Strahlung zu. All das entscheidet über die Zusammensetzung der Pflanzenwelt auf den einzelnen Höhenstufen.

5 Gebirgstypen: Faltengebirge (a), Domgebirge (b), Schollengebirge (c) und vulkanisches Gebirge (d).
6 Einen rund 250 m tiefen Cañon hat der Yellowstone River in das bunte, weiche, überwiegend vulkanisch entstandene Gestein gegraben.

tigen Kontinente angenommen, wobei sie immer noch in Bewegung sind. Das Geheimnis dieser Bewegung besteht darin, dass der gesamte Erdmantel bis in eine Tiefe von ca. 25 km (Lithosphäre) aus 15 großen Platten besteht, die auf der teilweise glutflüssigen Masse darunter schwimmen. Wenn diese schwimmenden Schollen kollidieren, kommt es zu beträchtlichen Reibungen, Verformungen, wobei eine ungeheure Spannung in der Erdkruste auftritt. Die freigesetzte Energie in Gestalt von Erdbeben und Vulkantätigkeit verändert das Aussehen der Erdoberfläche – Berge und Gebirge entstehen, vor allem an den Rändern der Schollen in den Kollisionszonen.

Schichten von metamorphisiertem Ergussgestein und vor allem von waagerechten Ablagerungen werden bei solchen Formungen der Erd-

oberfläche ähnlich wie ein Tischtuch auf einem Tisch auf alle mögliche Weise gebogen, ja geknüllt, zusammengepresst und verschoben, verworfen und gefaltet; anderswo werden sie auf verschiedenste Weise gebrochen, sodass Risse und Spalten entstehen, Verwerfungen und Einbrüche, längs derer sich die Erdschollen heben und senken. Je nachdem, welche gebirgsbildenden Prozesse bei der Gestaltung der Erdoberfläche wirkten, sind Gebirge der vier wichtigsten Typen entstanden: Falten-, Dom-, Schollen- und Vulkangebirge (5).

Die größten und kompliziertesten Gebirge der Welt sind Faltengebirge, sie entstanden infolge von Erdplattenkollisionen. So wird beispielsweise Indien unter Asien geschoben, was schon den Himalaja entstehen ließ; Afrika wird nach Europa gepresst, wodurch die Alpenkämme entstanden. Dagegen gehören die Sierra Nevada oder die Teton Range in den USA zu den Bruchgebirgen, die Black Hills in Süddakota oder die Adirondacks im Staat New York zu den Domgebirgen. Zwar liegen die meisten Vulkane unter dem Meeresspiegel, doch zeichnen sich auch manche Faltengebirge durch intensiven Vulkanismus aus, z.B. die Anden oder der Kaukasus, wo einige wichtige

10 **Verwitterung von Felswänden.** Der Wechsel von Temperatur, Regen, Eis und Wind greift mechanisch, mittels Sauerstoff und Kohlendioxid auch chemisch die Kohäsion des Felsens an, dieser zerspringt und -bröckelt; in den Spalten setzen sich bescheidene Pflänzchen fest, deren Wurzelsysteme an der Zerstörung der Felswand weiterarbeiten. Verwitterte und gelockerte Felsbrocken bilden am Fuß der Wand Schuttkegel, über die sich allmählich eine Pflanzendecke breitet.

Wandel ausgesetzt. Wind, Wasser, Eis und Pflanzendecke lassen die Gesteinsoberfläche verwittern und zerfallen, um dann die gelösten Bestandteile abzutragen (Erosions- und Denudationsprozess). Je älter ein Gebirge, desto mehr ist von seiner ursprünglichen Höhe abgetragen; die schroffen Formen verschwinden, die Gebirge zeigen abge-

9 **Die Hänge des Monte Cristallo** sind auf der Montanstufe mit Fichten und Lärchen bewachsen, auf der Subalpinstufe mit Latschenkiefern.

8 **Auf den Hängen der Alpen** kann man die Submontan-, Montan-, Subalpin-, Alpin-, Subnival- und Nivalstufe unterscheiden.

Gipfel aus Vulkangestein bestehen (Chimborazo, Elbrus, Ararat). Allgemein bekannt ist auch die Geschichte solcher Vulkane wie Mount St. Helens, Krakatau, Vesuv oder Ätna.

Im Lauf der Erdzeitalter haben mehrere große gebirgsbildende Prozesse (sog. Orogenesen) auf unserem Planeten stattgefunden, in denen die einzelnen Gebirgssysteme entstanden sind. Im Archaikum, Präkambrium und Paläozoikum sind die Gebirge Mittel- und Westeuropas entstanden, das Schottische Hochland und das Skandinavische Gebirge. Bei der Faltung im Mesozoikum sind die Kordilleren und Anden entstanden; während der alpinen Faltung im Känozoikum wurden die Pyrenäen, der Atlas, die Alpen, Karpaten, der Kaukasus und der Himalaja aufgefaltet. Diese jüngsten Gebirge sind zugleich die höchsten, doch sie sind seit ihrer Entstehung einem unablässigen

Aus den Gebirgen aller Welt: Große Schneegruben, Gletscherkar im Riesengebirge (11), Drei Zinnen in den italienischen Dolomiten (12), Granitwände im Yosemite Valley, Kalifornien (13), Pumori-Massiv im Himalaja (14), Jotunheim-Gebirge, Norwegen (15), der Basaltberg Devil's Tower, Montana (16), die Granitkathedralen im Fitz-Roy-Massiv, Patagonische Anden (17), Djurdjura-Gebirgszug im Kleinen Atlas, Algerien (18).

rundete Linien, Verwitterung und Erosion ebnen es schließlich soweit ein, dass eine flache, von mäandrierenden Flüssen durchschnittene sog. Fastebene zurückbleibt (4).

Die Entstehungs- und Verfallsprozesse von Gebirgsmassiven verlaufen praktisch gleichzeitig nebeneinander her: Dabei entstehen Bergkämme, Schluchten und tiefe Täler, in die Flüsse und Gletscher Gestein, Sand und Lehm aus den höheren Gebirgspartien ablagern.

Vom Bergfuß bis zum Gipfel

Auf die Oberfläche von Felswänden und Berghängen wirken vom Augenblick ihrer Entstehung physikalische und chemische Kräfte Hand in Hand mit lebenden Organismen ein, und unter diesen massiven Angriffen wandeln sich Gesteinsstruktur und das Aussehen der Berge. Felswände zerfallen, die Schutthalden darunter werden von einer bunten Pflanzenschicht überzogen, auf den Hängen sammeln sich Humus- und Erdschichten an. Das Leben auf der Bergoberfläche entwickelt sich nach festen ökologischen Gesetzen. Durch das Zusammenwirken zahlreicher Naturkräfte entstehen an den Berghängen Höhen- oder Vegetationsstufen, die man überall dort findet, wo die Höhenunterschiede zwischen Bergfuß und -gipfel mehr als ein paar hundert Meter betragen. Je nach geographischer Breite, Höhenlage, Hangorientierung und -neigung, Gesteinsarten, Boden, Niederschlagsmengen, Sonnenschein, Temperatur, Luftfeuchtigkeit, aber

19 Die Gebirge der Welt: Auf der ganzen Welt gibt es hunderte von Gebirgsmassiven. Zu den bedeutendsten gehören: die nordamerikanischen Kordilleren und südamerikanischen Anden (1,2), die Apalachen (3), das Skandinavische Gebirge (4), Karpaten (5), Alpen (6), Pyrenäen (7), der Atlas (8), das Hochland von Äthiopien (9), Ruwenzori, Mount Kenya und Kilimandscharo (10,11), Drachenberge (12), Kaukasus (13), Alborz und Zagroz (14,15), Hindukusch (16), Pamir (17), Himalaja (18), Tienschan (19), Altai (20), Werchojanser Gebirge (21), Tschukotka (22), die Japanischen, Australischen und Neuseeländischen Alpen (23, 24, 25).

13

14

17

18

auch beeinträchtigt durch Schnee- und Steinlawinen, entstehen ringförmig um die Berghänge ausgeprägte Pflanzenformationen mit ganz typischen Vertretern bestimmter Pflanzenarten und damit einhergehend auch Tierarten. Meist überwiegen eine bzw. mehrere Pflanzenarten alle anderen und bestimmen so Charakter und Aussehen der Pflanzendecke. Man spricht dann von der Vegetationsstufe der Nadelwälder, subalpinen Kniehölzer, Alpenmatten usw. Die Grenze zwischen den einzelnen Vegetationsstufen ist nicht regelmäßig und zeigt nur selten einen waagerechten Verlauf. Die Vegetationsgliederung auf schattigen Hängen sieht anders aus als auf den besonnten, dasselbe gilt für Windschatten und Windseiten. Auch ist die Anordnung der Vegetationsstufen in jedem Gebirge anders; ausschlaggebend ist die Entfernung des Gebirges zum Polar- bzw. Äquatorgebiet, und zu den Meeresküsten, außerdem ist entscheidend, ob es aus Granit, Gneis, Kalkstein oder Dolomit besteht und welche Ausdehnung es hat. Zudem sind die Bezeichnungen für die einzelnen Vegetationsstufen in den verschiedenen Ländern unterschiedlich. Die Landschaft der Nordhalbkugel wird normalerweise in sechs Höhenstufen eingeteilt: Tiefebene, Hügelland, Montan-, Subalpin-, Alpin- und Nivalstufe.

Aus der ungeheuren Vielzahl der Tier- und Pflanzengesellschaften die die Berghänge besiedeln, konnten immer nur einige ausgewählt werden, um die reichhaltige Natur in den Gebirgen unserer Erde aufzuzeigen. Sie bevölkern Lebensräume, die von den tiefen Wäldern am Fuß bis hin zu den Schnee- und Eisfeldern der höchsten Gipfel reichen.

20 **Die Gebirge Europas:** Ungeachtet der geringen Ausdehnung des europäischen Kontinents ragen hier zahlreiche Gebirge und Hochgebirge gegen den Himmel. Zu den bekanntesten gehören z.B. Jotunheim (1), Grampian Mountains (2), Riesengebirge (3), Böhmerwald (4), Schwarzwald (5), Harz (6), Sierra Nevada (7), Korsische Alpen (8), Apennin (9), Grajische Alpen (10), Savoyer Alpen (11), Dolomiten (12), Hohe Tauern (13), Julische Alpen (14), Hohe Tatra (15), Transsylvanische Alpen (16), Rila (17), Pirin (18), Parnass (19), Olymp (20).

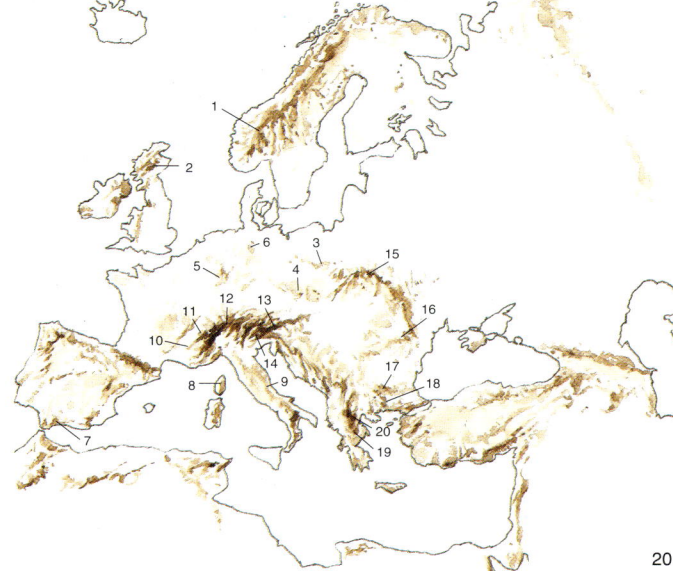

20

Wälder am Gebirgsfuß

Den Fuß der meisten Bergmassive bedecken dichte Wälder, deren Aussehen sich mit der Entfernung zum Äquator, aber auch mit zunehmender Höhe über dem Meeresspiegel ändert. Ganz gleich, ob die Bergwaldkulisse aus Buchen, Ahornen, Fichten, Lärchen oder Kiefern besteht, ob die Bäume zwanzig oder hundert Meter Höhe erreichen, immer spielt sich von den Wurzeln tief im Erdreich bis in die Wipfel ein faszinierendes Naturschauspiel aus Formen, Bewegungen, Tönen, Düften und Farben ab. Seine Akteure sind lebende Organismen, angefangen von mikroskopisch kleinen Tieren, Pilzen, Moosen und Farnen im „Erdgeschoss" des Waldes bis hin zur Gesellschaft aus kleinen Säugern, Vögeln und Insekten hoch oben in den Baumkronen. Zwischen ihnen herrschen Freund-Feind-Beziehungen, doch das Sterben der einen ermöglicht die Entstehung von hunderten und tausenden neuer Wesen, die fähig sind abgestorbene organische Masse in deren Grundbausteine zu zerlegen, aus denen sich wieder neue lebende Materie formiert. Schon seit Millionen von Jahren funktioniert unter den Lebewesen dieser ewige Kreislauf von Materie und Energie, jedoch an kaum einem anderen Ort so nachhaltig wie in den Wäldern, die zu den vielgestaltigsten und auch kompliziertesten natürlichen Ökosystemen auf unserem Planeten gehören.

21 **Die Hänge der italienischen Dolomiten** bedeckt Bergnadelwald aus Fichten und Europäischen Lärchen. Ein häufiger Bewohner ist der Raufußkauz (22).

24

25

Grüner Reichtum

Wälder bedecken fast 40 % des Festlands. Mit Ausnahme der eisbedeckten Antarktis, dem hohen Norden und den Hochgebirgen findet man sie auf allen Kontinenten. Zusammensetzung und Ausdehnung der Wälder in den verschiedenen geographischen Zonen hängen gänzlich vom Klima ab, vor allem von Temperatur und Regenmenge. Beide Faktoren ändern sich entscheidend mit der geographischen Breite und Länge, aber auch mit zunehmender Höhe über dem Meeresspiegel und vorherrschender Windstärke. Kein Wunder, dass die Tropenwälder ein ganz anderes Gepräge haben als die Wälder der gemäßigten Zone oder gar die (borealen) Nordlandwälder, die das zweitgrößte Biom auf der Welt darstellen (17 % der Gesamtfläche aller Ökosysteme; Wüsten nehmen 19 % ein). Die Nordland-Nadelwälder, auch Taiga genannt, erstrecken sich in einem 11 000 Kilometer breiten Gürtel quer über den Norden Eurasiens, bedecken den größten Teil Alaskas, Kanadas und Neuenglands. In einer bestimmten Gestalt begegnet man ihnen in allen höheren Lagen der mitteleuropäischen Gebirge, auch wenn ringsum Laub- oder Mischwälder der gemäßigten Zone wachsen.

Im Einzelnen hängt die Waldzusammensetzung immer von der Gestalt des Reliefs ab, von seiner Neigung, Himmelsrichtung, der geologischen Unterlage und dem Wasserhaushalt. Das alles entscheidet über die Versorgung des Waldes mit Wärme, Licht, Wasser und Nährstoffen sowie darüber, welche Gehölze an den jeweiligen Standorten gedeihen können. Im natürlich entwickelten Waldbestand überwiegt die höchste Art mit der mächtigsten Krone; dieser passen sich die übrigen Gehölz-, Kraut- sowie von diesen abhängigen Tierarten an. In den letzten Jahrhunderten hat jedoch der Mensch in diese natürlichen Konkurrenzverhältnisse eingegriffen; besonders in Mitteleuropa ist die Zahl der wichtigsten Waldgehölzarten empfindlich zurückgegangen. Auf riesigen Flächen hat der Mensch gezielt schnellwüchsige Fichten und Kiefern verbreitet, und zwar auf Kosten von Laubbäumen wie Buche, Ahorn, Eiche oder Ulme.

Rückzug vor dem Gletscher

Schon lange vor dem Eintreffen des Menschen hat auf der Nordhalbkugel ein Ereignis stattgefunden, das ganz wesentlich den Artenreichtum sowohl der Taiga als auch der Wälder der gemäßigten Zonen beeinträchtigt hat. Durch wiederholte Vereisungen haben sich die auf

28

Skandinavien sowie Alaska liegenden Eismassen tief nach Süden vorgeschoben. In Eurasien legten die mächtigen, sich in ostwestlicher Richtung hinziehenden Gebirgsmassive den vor den vorrückenden Eismassen zurückweichenden Gehölzen ein unüberwindliches Hindernis in den Weg. In Nordamerika erlaubten die Ketten der Kordilleren und Apalachen, die in nordsüdlicher Richtung verlaufen, längs ihrer Ränder den Rückzug der Waldflora und -fauna, die dann nach dem Vereisungsrückgang ihre alten Standorte in nahezu ungeschmälertem Artenreichtum wieder einnehmen konnten. In Europa erfuhr die Artenvielfalt eine beträchtliche Einbuße; nach der gewaltigen Abkühlung sind nur einige wenige Gehölze, vor allem Fichte, Gemeine Kiefer und Europäische Lärche, zurückgekehrt. In Nordamerika hingegen sind an der Zusammensetzung der Nordlandwälder sowie der Mischwaldungen der gemäßigten Zone bis heute Dutzende von Arten beteiligt, z. B. Kiefern, Fichten, Tannen, Lebensbäume, Schierlingstannen, Wacholder, Douglasien, Stinkeiben, Sequoien, Buchen, Eichen, Ahorne, Birken und Espen.

Eine andere Zusammensetzung weisen die Bergwälder auf den äquatornahen Hochgebirgshängen auf. In den südamerikanischen Anden wachsen bizarre Nadelbäume der Gattungen *Fitzroya* und *Araucaria*, in den Hochgebirgen Zentralafrikas Nadelbäume der Gattung *Podocarpus* und auf den Hängen des Himalaja reichen die subalpinen Wälder mit der Himalajabirke bis zu 4000 m ü.d. M. hinauf. Auf tiefer liegenden Hängen wachsen Nadelwälder mit Himalajatannen und Griffithlärchen, mit Wacholder, Schierlingstannen und zahllosen Rhododendron- oder Alpenrosenarten. Sie verleihen den Hängen des Osthimalaja ein besonderes Kolorit. An den geradezu sagenhaften Reichtum der tropischen Regenwälder erinnern die Bergnebelwälder des afrikanischen und südamerikanischen Hochgebirge, die ihre Arten- und Formenvielfalt den hohen Regenmengen (bis zu 5000 mm im Jahr) zu verdanken haben.

Zu den beachtenswertesten Wald-Ökosystemen auf der Welt gehören zweifellos die Regennadelwälder der gemäßigten Zone auf den Westhängen der Olympic Mountains im Staat Washington, USA. Die Pazifiknähe macht sich mit einem sehr feuchten Klima und einem

Die vielen Gesichter der Bergwälder: Nasskalte Taiga auf der Insel Kodiak vor der Westküste Alaskas (24); Fichtenbergwald um einen kleinen Gletschersee im Riesengebirge (25); verschiedene Gehölzarten im Bergnebelwald auf den Hängen des Kilimandscharo-Massivs (26); Schierlingstannen, Fichten und Douglaskiefern bilden das Obergeschoss des temperierten Regenwaldes an den Westhängen der Olympic-Halbinsel (27); eine wichtige Krautpflanze der Nordland-Nadelwälder ist das Moosglöckchen (28); in der gedämpften Farbenpalette auf der Oberfläche alter Baumstämme wirken Fruchtkörper dieser Schleimpilzart mit dem eigenartigen Namen Wolfsmilch besonders interessant (29).

günstigen Wärmehaushalt bemerkbar, was ungeachtet der nördlichen Lage den Wuchs von außerordentlich hohen Bäumen erlaubt (neben den bekannten Sequoienwäldern Kaliforniens). Bis zu 100 Metern

30 Ein alter Höhlenbaum und seine Mieter: 1 Nonne (*Lymantria monacha*), 2 Kiefernschwärmer (*Sphinx pinastri*), 3 Blaumeise (*Parus caeruleus*), 4 Kohlmeise (*Parus major*), 5 Waldbaumläufer (*Certhia familiaris*), 6 Kleiber (*Sitta europaea*), 7 Berglaubsänger (*Phylloscopus bonelli*), 8 Gelbe Schüsselflechte (*Cetraria glauca*), 9 Gelbflechte (*Xanthoria parietina*), 10 Schildflechte (*Peltigera canina*), 11 Pflaumenbrandflechte (*Evernia prunastri*), 12 Rotfuchs (*Vulpes vulpes*), 13 Stockschwämmchen o. Hallimasch (*Armillaria mellea*), 14 Buntspecht (*Dendrocopus major*), 15 Grünspecht (*Picus viridis*), 16 Schmetterlingsporling (*Trametes versicolor*), 17 Schuppiger Porling (*Polyporus squamosus*), 18 Hohltaube (*Columba oenas*), 19 Schwarzspecht (*Dryocopus martius*), 20 Wespennest, 21 Eichhörnchen (*Sciurus vulgaris*), 22 Echter Zunderschwamm (*Fomes fomentarius*), 23 Raufußkauz (*Aegolius funereus*), 24 Raufußkauz, Jungvogel (*Aegolius funereus*), 25 Gelbhalsmaus (*Apodemus flavicollis*), 26 Goldleiste (*Carabus violaceus*), 27 Großer Puppenräuber (*Calosoma sycophanta*), 28 Alpenbock (*Rosalia alpina*), 29 Rothalsbock (*Leptura rubra*), 30 Schmalbock (*Strangalia maculata*), 31 *Tetradontophora bielanensis*, 32 Ameisenbuntkäfer (*Thanasimus formicarius*), 33 Brauner Steinläufer (*Lithobius forficatus*), 34 Erdschnurfüßer (*Julus terrestris*), 35 Mausohr (*Myotis bechsteini*), 36 Siebenschläfer (*Glis glis*), 37 Glatte Schließmundschnecke (*Cochlodina laminata*), 38 Birnenschwebfliege (*Scaeva pyrastri*), 39 Riesenschlupfwespe (*Rhyssa persuasoria*), 40 Bockkäferlarve, 41 *Ganoderma applanatum*, 42 Steinmarder (*Martes foina*), 43 Balkenschröter (*Dorcus parallelopipedus*), 44 Rote Waldameise (*Formica rufa*), 45 Grauschwarze Sklavenameise (*Formica fusca*), 46 Schnirkelschnecke (*Cepaea vindobonensis*), 47 Große Wegschnecke (*Arion rufus*), 48 Waldspitzmaus (*Sorex araneus*), 49 Gabelzahnmoos (*Dicranum scoparium*), 50 Punktiertes Sternmoos (*Mnium punctatum*).

ragen die mächtigen Schierlingstannen, Thujen, Douglasien und Sitkafichten auf. Als deren Unterholz wachsen von epiphytischen Moosen, Moosfarnen und Farnen bizarr umhüllte Ahorne, während das Krautstockwerk Liliengewächse, Orchideen, Kanadische Hartriegel und Farne in Mengen beherbergt. Die Olympic Mountains zählen zu Recht zu den Nationalparks von Weltbedeutung, sie wurden sogar zum Weltkulturerbe erklärt.

Ein Hochhaus mit vielen Etagen

Von den Zweigen der höchsten Wipfel bis hinunter zu den tief im Erdreich ankernden Fadenwurzeln ähnelt jeder Baum einem voll bewohnten Haus mit unterschiedlichen Bewohnern. Je nach deren Bedarf an Wärme, Licht, Feuchte und Nährstoffen bilden sich in jedem Wald während der Entwicklung einzelne Stockwerke aus, an denen die „treuen Mieter" festhalten. Hoch in den Baumkronen schwirren Vögel umher und ernähren sich von zahllosen Insektenarten, auf Blättern und Nadeln halten Schmetterlingsraupen ihren Schmaus. Das Erdgeschoss wird von vielen Pflanzenfressern, angefangen von winzigen Nagern bis hin zu stattlichen Wiederkäuern wie Hirschen, Elchen oder Wisenten bewohnt, die im üppigen Strauch-, Kraut- und Moosstockwerk einen reich gedeckten Tisch vorfinden. Eine Überhandnahme der Pflanzenfresser verhindern zahlreiche Fleischfresser – Greifvögel, Eulen und große Raubtiere. Nach ihrem Tod werden auch sie zu Opfern, denn ihre Kadaver werden, genau wie die Körper abgestorbener Pflanzen, von ganzen Armeen aus Fliegenlarven und zuletzt Mikroorganismen überfallen, die organische Materie fressen und zersetzen. Diese Organismen nennt man Destruenten, sie verhindern, dass der Wald im eigenen Abfall untergeht. Produzenten (Grünpflanzen), Konsumenten (Pflanzen-, Fleisch- und Allesfresser), Destruenten (Pilze, Schimmel, Bakterien, mikroskopische Bodenfauna aus Milben, Springschwänzen, Würmern und den verschiedensten Insektengruppen) – das sind die Grundbausteine eines jeden Bioms, das von genauen ökologischen Gesetzmäßigkeiten geregelt wird.

31 Nützliches Zusammenleben: Ein Hutpilz-Fruchtkörper besteht aus dem Stiel (a), dessen Bausteine dicht verflochtene Fasern, Hyphen, sind (b), und dem Hut (c), an dessen einzelnen Lamellen eine besondere sporenbildende Schicht sitzt, die Millionen von Sporen (d) hervorbringt. Aus diesen keimen im Boden getrenntgeschlechtliche Hyphen, nach deren Vereinigung aus dem dichten Myzel ein Fruchtkörper wächst. Die Hyphen vieler Pilzarten, z.B. von Täublingen, Röhrlingen, Butterpilzen, Reizkern (32) umhüllen zudem die feinen Würzelchen von Bäumen (e) und dieses als Mykorrhiza bezeichnete Zusammenleben ist für die Ernährung von Pilz und Baum vorteilhaft. Mehr als drei Viertel aller lebenden Pflanzen nutzen diesen Vorteil.

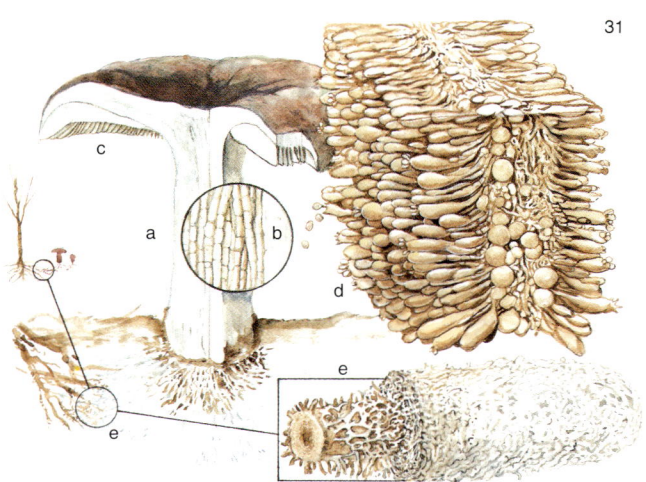

Zierde und Nutzen

Zur Zierde aller Nadel- und Laubwälder gehören Pilze mit ihren Fruchtkörpern verschiedener Formen und Farben. Diese chlorophyllosen Saprophyten stellen unter den Zersetzern eine bedeutende Gruppe dar, denn sie ernähren sich von abgestorbener organischer Masse, die sie zu ihren Myzelfäden und Fruchtkörpern umwandeln. Später dienen diese wieder anderen Organismen als Nahrung, vor allem den winzigen Springschwänzen, Schnecken, Würmern oder Nagern. Viele Pilze haben aber in einem Wald-Ökosystem noch eine weitere wichtige Aufgabe. Ihre feinen Fäden (Hyphen) dringen in die Wurzelzellen ein oder bilden auf der Oberfläche feiner Baumwurzeln ein dichtes Netz und funktionieren so wie verlängerte Haarwurzeln (31). Dabei fördern sie nicht nur die Zersetzung abgestorbener organischer Materie, sondern liefern den Baumwurzeln verschiedene wichtige Nährstoffe, die für diese im Boden unerreichbar bleiben. Im Gegenzug gewinnen die Pilze aus den Wurzeln Zucker. Diese beiderseits vorteilhafte Lebensgemeinschaft wird Mykorrhiza genannt. Es gibt sie in unterschiedlichster Form und sie hilft einer ganzen Reihe von Bäumen, Sträuchern und Kräutern mit der Nährstoffknappheit fertig zu werden, durch die sich besondes die sauren Böden der Nadelwälder auszeichnen. Ein Zeugnis für solche symbiotischen Beziehungen ist das gemeinsame Vorkommen mancher Pilz- und Baumarten – Birken- und Espenrotkappen um Birken und Espen, Eichensteinpilze, Täublinge und Reizker in der Gesellschaft von Eichen, Buchen und Fichten, Butterpilze oder Lärchenröhrlinge unter Lärchen, Hohlfußröhrlinge in Kiefernwäldern usw.

Rinde, Holz, Blätter

Lediglich die Grünpflanzen haben sich die Fähigkeit angeeignet, die in der Sonnenstrahlung enthaltene Energie zu nutzen. Durch die Photosynthese, eine der beachtlichsten chemischen Reaktionen überhaupt, können Grünpflanzen mit Hilfe von Sonneneinstrahlung im Inneren ihrer Blätter Wasserstoff und Kohlendioxid in energiereiche organische Stoffe – Zucker, Fette und Eiweißstoffe umwandeln und daraus ihre Körper aufbauen. Während bei den meisten Gräsern und Krautpflanzen die produzierte oberirdische organische Masse alljährlich abstirbt, sich zersetzt und schnell in den Nährstoffkreislauf zurückgeführt wird, verwenden die Bäume den größten Teil der aufgenommenen Energie zum Aufbau von Geäst, Stämmen, Wurzeln, Blättern und Früchten. Sie speichern ihre Energie ins Holz, dessen alljährlicher Zuwachs – die Jahresringe – im Stammquerschnitt wie konzentrische Kreise aussehen. Die Dicke eines Baumes hängt vom Witterungsverlauf ab und anhand einer Jahresringanalyse kann man wie in einem Archiv nicht nur das Klima in der Vergangenheit, sondern auch andere Ereignisse zurückverfolgen, z.B. die Zunahme von Waldschädlingen, große Waldbrände oder Vulkanausbrüche, die

33 **Holz, Rinde, Laub und Nadeln** beherbergen viele Raupen, Larven und Vollkerfe Pflanzen fressender Insekten. Zu den bekanntesten gehören: (a) Schwarzer Fichten-Dickmaulrüssler (*Otiorrhynchus niger*, Fichte), (b) Fichtengallenlaus (*Sacchiphantes abietis*, Fichte), (c) Fichten-Gespinstblattwespe (*Cephaleia abietis*, Fichte), (d) Riesenholzwespe (*Urocerus gigas*, Fichte, Tanne, Lärche), (e) Fichtensplintbock (*Tetropium castaneum*, Fichte, Kiefer, Lärche), (f) Fichtenrüssler (*Pissodes harcyniae*, Fichte), (g) Buchdrucker (*Ips typographus*, Fichte), (h) Nonne (*Lymantria monacha*, Fichte, Kiefer, aber auch Laubbäume), (i) Lärchenwickler (*Zeiraphera diniana*, Fichte, in den Alpen und in Sibirien Lärche und Zirbelkiefer), (j) Buschhorn-Blattwespe (*Neodiprion sertifer*, Latschenkiefer), (k) Blattwespe (*Thecodiplosis brachyntera*, Latschenkiefer).

34

35

34 Merkwürdige Pflanzen: In manchen Jahren recken zu Frühjahrsbeginn zahllose grüne Pflänzchen aus der Laubschicht am Boden ihre Köpfe empor. Das sind Buchensämlinge (34), deren zwei nierenförmige Keimblätter genügend Nährstoffe für die ersten Lebenswochen des jungen Pflänzchens enthalten. Nur wenigen gelingt es, zu Baumriesen von 40 m Höhe heranzuwachsen (35).

ebenfalls Einfluss auf die Witterung genommen haben. Je nach Anzahl der Jahresringe kann man auch das artspezifische Alter verschiedener Nadel- und Laubbäume feststellen. Während Fichten und Buchen normalerweise 200 bis 300 Jahre alt werden, kann eine Eibe ein Höchstalter von 2000 Jahren erreichen; die Baumgiganten Kaliforniens, die Küstensequoien, sind 2000 bis 3000 Jahre alt. Ein Alter von über 4000 Jahren erreichen die krüppelwüchsigen Grannenkiefern auf den Bergen der Sierra Nevada; sie werden als die ältesten lebenden Bäume auf unserem Planeten bezeichnet.

Der Mensch hat für Holz Verwendung in fast allen Lebensbereichen gefunden, doch auch in der natürlichen Umgebung der Bergwälder ist das Leben von tausenden anderen Organismen eng mit dem Holz verbunden, z.B. das von holzabbauenden Pilzen, Ameisen oder Käferlarven, die sich in lebendem oder abgestorbenem Holz entwickeln. Auch Laub und Nadeln beherbergen zahllose Pflanzen fressende Insekten, Blattläuse, Fliegen, Fransenflügler usw. Deren Raupen, Larven und schließlich die voll entwickelten Insekten setzen nicht selten dem Gesundheitszustand der Wälder kräftig zu. Ihr Vorkommen ist jedoch normalerweise mit dem Auftreten anderer Insektenarten verbunden, die gerade auf diesen Schädlingen parasitieren (z.B. Schlupf- u. Brackwespen), oder aber mit der Nachbarschaft von Insekten fressenden Vögeln, die Insektenkatastrophen verhindern oder eindämmen und so wirkungsvoll für die Erhaltung des Gleichgewichtszustands im Wald-Ökosystem sorgen.

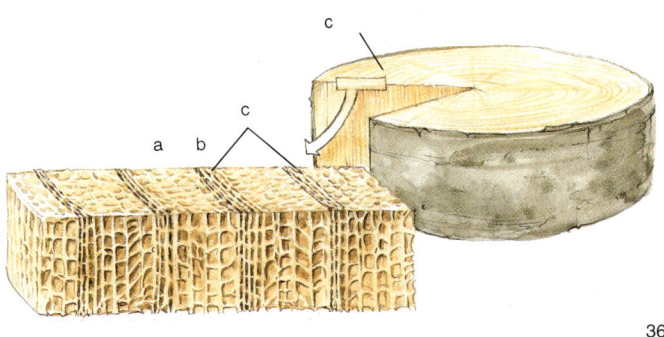

36

36 Unter der Rinde: Ein Baumstamm funktioniert wie ein System von Rohrleitungen und dient gleichzeitig als Skelett. Seine Zellwände sind versteift und zu einem feinen Röhren- und Kanalsystem (a) ausgebildet, durch welches das Wasser mit gelösten Mineralen von den Wurzeln zu den Blättern steigt und in umgekehrter Richtung Photosyntheseprodukte – energiereiche Zucker, Fette und Eiweiße transportiert. Im Frühjahr bringt ein Baum große, dünnwandige Zellen hervor (b), im Sommer kleinere, starkwandige (c). Mit jedem Jahr nimmt der Stammquerschnitt um eine ringförmige Schicht, den Jahresring zu (d).

Heimliches Leben in Laub und Nadeln

Der dichte Dauerschatten eines Nadelwaldes lässt nicht gerade viel Sonnenlicht bis ins Untergeschoss durchdringen, das in den Bergfichtenwäldern meist genügsame Moos- und Farngewächse aufzuweisen hat. Diese Pflanzen gehören in die große Gruppe der (nicht blühenden) Sporenpflanzen, deren Fortpflanzung anders als bei den (blühenden) Samenpflanzen vor sich geht. Wind, Wasser und Tiere verteilen im Wald ungeheure Mengen ihrer mikroskopisch kleinen Fortpflanzungsteilchen, die Sporen, aus denen unter günstigen

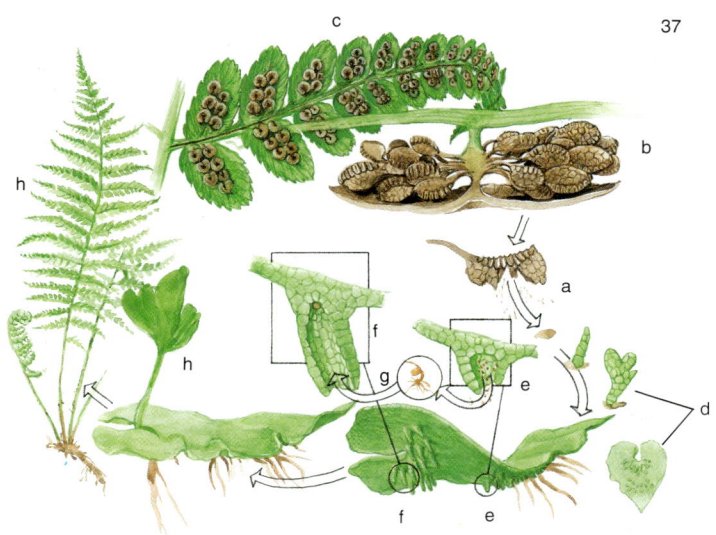

37

37 Lebenslauf des Farnkrauts: Die Fortpflanzung von Farnen erfolgt nicht nur vegetativ durch die Abtrennung von Wurzelstöcken, sondern auch generativ. Aus den Sporangien (b) auf der Blattunterseite (c) werden Sporen freigesetzt (a), aus denen ein herzförmiges Blättchen heranwächst – das Prothallium oder der Gametophyt (d). Daran entstehen die weiblichen und männlichen Geschlechtsorgane (e, f). Die mit einer Geißel ausgestatteten Spermatozoiden schwimmen in Feuchtigkeit (Tau, Regen) zu einer Eizelle an anderer Prothalliumsstelle, befruchten diese (g) und aus der entstandenen Zygote sprießen dann die eigentlichen Farnwedel (h). Sie bringen nach einiger Zeit wieder Sporen hervor, und der Zyklus wiederholt sich. Dasselbe spielt sich auch bei Bärlapp und Schachtelhalmen ab. Die generative Fortpflanzung von Moosgewächsen verläuft ein wenig anders.

Umständen zunächst eigenartige Gebilde entstehen, die sog. Vorkeime und Gametophyten; erst aus diesen entstehen die bekannten Moosstängelchen und Farnwedel (37).

Wesentlich üppiger sehen die Biotope der Misch- und Laubwälder aus. Deren Kronen lassen im Frühjahr reichlich Sonnenlicht und Wärme auf den Boden durch, und so zeigt sich dort ein stark entwickeltes Strauchstockwerk, zahlreiche breitblättrige Krautpflanzen und eine bunte Tierwelt. Im Vorfrühling, ehe die Laubhölzer ausschlagen, wird die Oberschicht des Humusbodens von der Frühlingssonne so weit erwärmt, dass die Zeit für eine besondere Gruppe gekommen ist. Es sind die Pflanzen, die den Winter und seinen Lichtmangel mit Hilfe verschiedener Zwiebeln, Knollen und Wurzelstöcke im Boden überstehen, die so genannten Geophyten. Dazu zählen die bekannten Frühlingsboten aus den Laub- und Mischwäldern Europas und Amerikas: Anemonen, Lerchensporn, Gelbstern, Märzenbecher, Schneeglöckchen, Blaustern, Einbeere, Bitterklee, Hundszahnlilien und viele andere. Diese Pflanzen sprießen, blühen und fruchten, noch ehe sich die dichten Laubkronen des Waldes über ihnen schließen. Dann ist ihr Vegetationszyklus bereits zu Ende, den Rest des Jahres und den langen Winter überdauern sie in Boden und Laubstreu verborgen.

Fruchtbarer Humus

Das alljährlich fallende Laub, Ansammlungen von dürren Zweigen und alte, morschende Baumstämme schaffen auf der Bodenoberfläche in den Bergmischwäldern ein wahres Paradies für die verschiedensten Fäulnisbewohner, Fresser und Zersetzer organischer Stoffe. Deren Rolle ist einfach unentbehrlich, denn ohne ihre unermüdliche Tätigkeit müsste jedes Wald-Ökosystem bald im eigenen Abfall versinken. Stattdessen entsteht unter der obersten Schicht des verwesenden Laubs eine fruchtbare Humusschicht, die die Entwicklung einer außerordentlich artenreichen Tiergesellschaft erlaubt. Humus verbessert zudem die Ernährung von Gehölzen. Die Humusschicht wird dicht vom Myzel verschiedener Pilze, Schleim- und Schimmelpilze durchdrungen, und auf der Oberfläche von Boden und vermodernden Stämmen wachsen deren zahlreiche Fruchtkörper in allen Größen.

39

Eine dicke Schicht Herbstlaub auf dem Boden bietet zahlreichen überwinternden Tieren (Igeln, Wühl-, Spitz- und anderen Mäusen, Bilchen, Spinnen, Insekten) hinreichenden Schutz. Im Frühjahr kommt dann wieder die Zeit für eine intensive Tätigkeit der Destruenten, der zersetzenden Organismen, denn sobald Temperatur und Feuchtigkeit in der obersten Bodenschicht ansteigen, nimmt auch deren Aktivität zu. Regenwürmer und Asseln, von deren Exkrementen sich wieder Springschwänze und Kleinwürmer ernähren, beginnen ihr Werk. Überall wimmelt es vor Urinsekten, Doppelschwänzen, Bodenmilben, Älchen und anderen mikroskopischen Tierchen (40), die höchst effektiv mit dem alljährlichen Abfall aus organischer Materie aufräumen. Dieser wird über Bakterien und Pilze dem Boden wieder als Mineralsalze, Wasser und Kohlendioxid zugeführt, von den Pflanzenwurzeln erneut aufgenommen und auf eine neue Runde im endlosen Kreislauf von Materie und Energie ins Ökosystem geschickt.

Schicksale alter Bäume

Die Wissenschaft hat errechnet, dass rund 40 % aller Biomasse eines Waldes aus abgestorbenem und nur 30 % aus lebendem Holz besteht. Natürliche Bergwälder brauchen keinen Holzfäller, der sie durchforstet und die im Lauf der Jahrzehnte in Form von Holz aufgespeicherte Energie für seine Zwecke nutzt. Stets ist eine riesige Armee von Organismen zur Stelle, die sich von Holz ernähren und darin entwickeln. Schon zu Lebzeiten eines Baumes herrscht auf seiner Oberfläche, unter der Rinde und in seinem Holz ein reger Betrieb. Unter der Rinde entwickeln sich Borkenkäferlarven, im Holz machen die verschiedenen Bockkäferarten ihr Larvenstadium durch, dort leben ganze Kolonien von Holz zerfressenden Ameisen und das Myzel vie-

38

38 Geophyten sind Pflanzen, deren Wuchs- und Vorratsgewebe – Knollen, Wurzelstöcke oder Zwiebeln – unter der Bodenoberfläche verborgen sind. Dort überstehen sie auch die trockenen bzw. kalten Jahreszeiten. Viele Geophyten (38) tragen zum herrlichen Vorfrühlings- und Frühlingskleid der Laub- und Mischwälder am Bergfuß bei (39), z.B. Schneeglöckchen (a), Lerchensporn (b), Blaustern (c) oder Gelbstern (d).

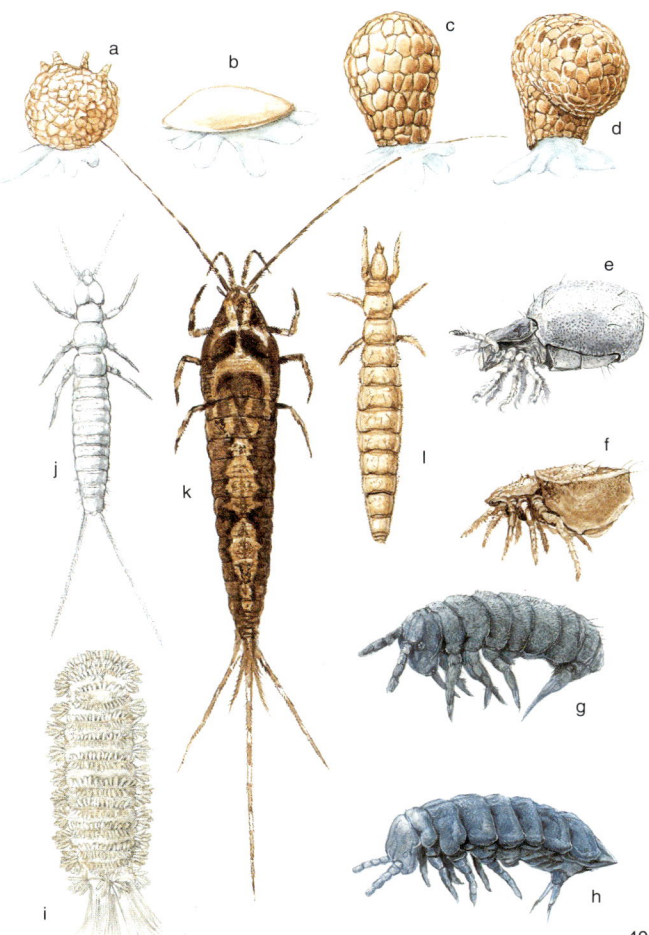

40 Mikroskopische Welt: Die Natur geht sehr wirtschaftlich mit ihren Abfällen um, nichts entgeht der Aufmerksamkeit der unendlich vielen Mikroorganismen, der Zersetzer, die vor allem unter der Erdoberfläche ihr Leben führen. Auf einem einzigen Quadratmeter leben im Waldboden bis in 30 cm Tiefe Billionen Bakterien, Urtierchen, Wurzelfüßer (a-d), Kleinpilze und Millionen Gliedertiere, vor allem Milben (e, f), Springschwänze (g, h), Vielfüßer (i), Doppelschwänze (j, k) und Urinsekten (l). Zu den Destruenten gehören ebenfalls Pilze, doch auch deren Fruchtkörper (41) erliegen schon bald dem Zersetzungsprozess. Bergfuß bei (39), z.B. Schneeglöckchen (a), Lerchensporn (b), Blaustern (c) oder Gelbstern (d).

ler Holz zerstörender Pilze und Schwämme dringt ein. Allgemein verbreitet sind beispielsweise der Hallimasch oder Stockschwämmchen – sehr zur Freude der Pilzsucher und zum Ärger der Forstleute, denn der Hallimasch befällt schwache Bäume und beschleunigt deren Untergang. Hallimaschmyzel verbindet sich oft zu dicken, wurzelähnlichen Strängen, deren Alter auf mehrere Jahrzehnte geschätzt wird.

Auch die größten und mächtigsten Bäume altern, stellen eines Tages ihre physiologischen Prozesse ein, und ihre abgestorbenen Stämme stürzen um. So kehren Kohlenstoff, Stickstoff, Phosphor und weitere Elemente tonnenweise in die Umwelt zurück, allerdings vorwiegend in Form von Zellulose und Lignin in der Holzmasse eingeschlossen. Diese können von den Wurzeln der Grünpflanzen nicht aufgelöst werden, das ist einzig den Bakterien und Pilzen vorbehalten, deren winzige Körper und Fasern kräftige Enzyme ausscheiden. Sie selbst sind gegen solche Enzyme gefeit, da ihre Zellwände nicht aus Zellulose bestehen wie bei den Grünpflanzen, sondern aus Chitin (die Ähnlichkeit mit Tieren war der Anlass zu jahrelangen wissenschaftlichen Disputen darüber, ob die Pilze ins Pflanzen- oder Tierreich gehören). Die Torsos alter Stämme und Äste beherbergen daher umfangreiche Gesellschaften aus Hut-, Baum-, Schleim- und Schimmelpilzen, deren Körper nach und nach die Holzmasse aufzehren und als Ausgangsmineralien in die Umwelt freisetzen.

In einem dunklen Nadelwald mit hoher Bestandsdichte haben alte vermodernde Stämme noch eine letzte, dafür aber sehr wichtige Aufgabe. Sie bieten kleinen Sämlingen oft die einzige Chance zu einem erfolgreichen Start in die ersten Lebensjahre. Der Waldboden ist nämlich meist dicht mit Farnen, Moosen oder Gräsern bedeckt, die das Keimen und Wurzeln der Sämlinge vereiteln. Im Teppich aus Leber- und Laubmoosen auf den meist über dem Boden aufragenden Stammtrümmern hingegen finden die Sämlinge und jungen Pflanzen ständige Feuchte und genügend Nährstoffe durch das modernde Holz. Die Wurzeln der jungen Bäume dringen mit der Zeit bis ins Erdreich vor, und nach Jahrzehnten verraten nur noch eigenartig regelmäßige Baumreihen mit Stelzwurzeln, welches Wunder sich unter den Kronen alter Bäume abgespielt hat, damit das Leben des Bergwaldes seinen Fortgang finden konnte.

42 **Bis zum letzten Augenblick** kündet dieser Torso eines einst imposanten Baumes von den Zeiten seiner früheren Größe. Ehe er sich in ein Häufchen morscher Holzreste verwandelt, bietet er anderen Bergwaldbewohnern Unterschlupf – Fäulnispilzen, Schnecken, Gliedertieren und Insekten. 1 *Bielzia coerulans*, 2 Rotstengelmoos (*Pleurozium schreberi*), 3 Rentiermoos (*Cladonia rangiferina*), 4 Etagenmoos (*Hylocomium splendens*), 5 Sparriger Schüppling (*Pholiota squarrosa*), 6 Bockkäferlarven, 7 Trichterspinne (*Amaurobius fenestralis*), 8 Erdschnurfüßer (*Julus terrestris*), 9 Kellerassel (*Porcellio scaber*), 10 Saftkugler (*Glomeris hexasticha*), 11 Schüsselflechtenart (*Hypogymnia physodes*), 12 Runzeliger Schichtpilz (*Stereum rugosum*), 13 Geweihförmige Holzkeule (*Xylaria hypoxylon*), 14 Vielgestaltige Holzkeule (*Xylaria polymorpha*), 15 Schönhorn (*Calocera viscosa*), 16 Riesenspringer (*Tetradontophora bielanensis*), 17 Brauner Steinläufer (*Lithobius forficatus*), 18 Schmetterlingsporling (*Trametes versicolor*), 19 Schleimpilz (*Trichia varia*), 20 *Chlorosplenium aeruginascens*, 21 Gallertzitterpilz (*Tremella mesenterica*), 22 Stockschwämmchen o. Hallimasch (*Armillaria mellea*), 23 Birnenstäubling (*Lycoperdon pyriforme*), 24 Springschwanz (*Collembola*), 25 Hyphen Holz zerstörender Pilze.

43 44 45 46 47 48 49

Bergwaldbewohner: Der Russische Bär (47) und die Raupe der Pfeileule (46) zeigen nur einen winzigen Ausschnitt von der großen Insektenfauna der europäischen Bergwälder. Während der Kleine Panda (49) ein immer seltenerer Gast in den südostasiatischen Bergwäldern wird, erholen sich die Luchs-, Wolf- (48) und Braunbärpopulationen (44) in den Wäldern Europas und Nordamerikas allmählich. Die Nahrung des Siebenschläfers, eines scheuen Nachtnagetiers (43), besteht aus einer bunten Mischung von Knospen, Trieben und Früchten verschiedener Gehölze, aber auch aus Kleintieren. Beim Fichtenkreuzschnabel (45) zeigt sich eine Nahrungsspezialisierung – er nimmt ausschließlich die in Nadelholzzapfen verborgenen Samen zu sich.

Oberhalb der Waldgrenze

Hoch in den Bergen lichtet sich der dichte Bestand der Wälder allmählich, und in ihre Dämmerstimmung dringt mehr Sonnenlicht ein. Das monotone Grün der Moose, Gräser und Farne im Bodenstockwerk des Bergwaldes wandelt sich nach und nach in eine farbenfrohe Palette aus Strauchgewächsen unterschiedlicher Größe. Alte Bäume werden von Schneelast, Frösten und Stürmen gebrochen und verwandeln sich zu bizarren Krüppelhölzern, deren geknickte oder gekrümmte Äste und Stämme von den Entbehrungen unter diesen harten Bedingungen zeugen. Noch weiter oben überlassen die Bäume ihren Platz anderen Gehölzen – den strauchwüchsigen Weiden, Birken, Ebereschen, Alpenrosen, Sauerdornen, Zwergmispeln, den kriechenden Wacholdern, Kiefern, Zedern, Meerträubeln, den Knieholz-Eukalypten und Scheinbuchen. In deren Welt hat sich eine gänzlich andere Pflanzen- und Tiergesellschaft als in den Bergurwäldern eingefunden und den rauen Lebensbedingungen im Reich der Winde, Fröste und Lawinen hoch oben auf den Berghängen angepasst.

50 **Die Vorherrschaft der Bäume** endet an der oberen Waldgrenze. Sie verläuft im Riesengebirge bei etwa 1300 m ü.d.M. In den lichten Baum- und Strauchbeständen dort lebt der König der europäischen Bergwälder – der Auerhahn (51).

Der Atem geht aus

Überall auf der Welt vollzieht sich auf den Gebirgshängen ein eigentümlicher Wandel, der in dem schon erwähnten Temperaturabfall um ca. ein halbes Grad Celsius pro 100 Meter Höhe begründet liegt. Zugleich nimmt der Luftdruck ab, die Windgeschwindigkeit zu, das Klima wird feuchter und rauer. In einer bestimmten Höhe genügt die kurze Vegetationszeit mit ihren niederen Temperaturen nicht einmal den winterhärtesten Bäumen zum Verholzen der Jahrestriebe, was jedoch zum Überstehen der Wintermonate mit ihren Frösten und der schweren Schneelast notwendig wäre. Die Bäume kommen nur noch

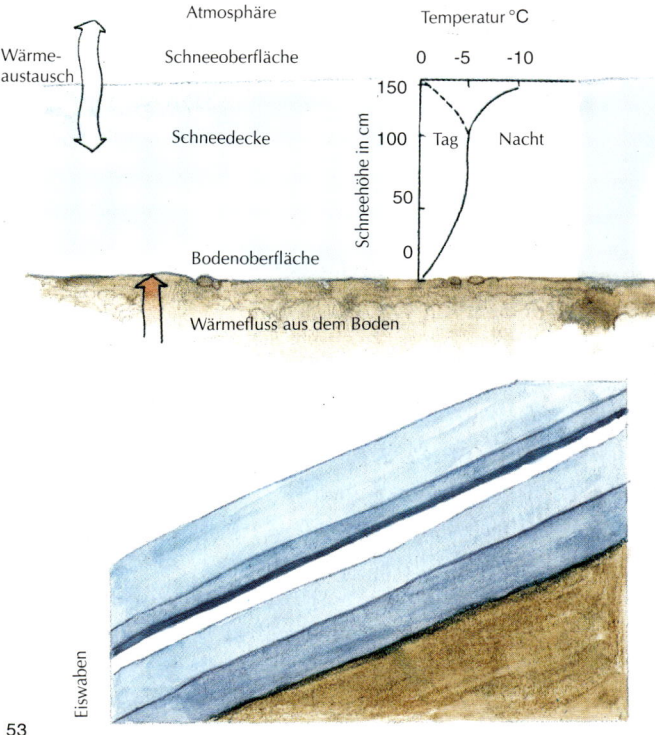

53 **Die Schneedecke:** Für lebende Organismen stellen einige Dezimeter Schneedecke schon einen hervorragenden Schutz vor Frost und Wind dar. Daher kommt in einem frostfreien Boden das Leben nicht einmal im tiefsten Winter zum Erliegen. Aus der Abbildung wird der Wärmeaustausch zwischen Boden, Schnee und Atmosphäre deutlich sowie der Temperaturgradient unter der Schneeoberfläche im Tages- und Nachtverlauf. Der Schnee verändert sich an der Oberfläche und in der Tiefe infolge von Temperatur-, Feuchtigkeits- und Luftdruckschwankungen. So entstehen Schneeschichten von unterschiedlicher Beschaffenheit. Bei abwechselndem Tauen und Gefrieren können sich Eiswaben bilden, die auf einem Hang als Gleitfläche für Neuschneemassen funktionieren. So entstehen Lawinen.

selten zur Blüte, ihre Samen haben eine geringe Keimkraft. Sie werden immer niedriger, ihre Kronen leiden unter Frost und Trockenheit, sie verdorren, werden von Sturm, Schnee und Eis gebrochen. Noch weiter oben wachsen nur noch vereinzelte Exemplare, deren Aussehen verrät, was sie alles auszuhalten haben. Schließlich räumen sie das Feld für die in diesen Höhen widerstandsfähigeren Lebensformen, die Sträucher.

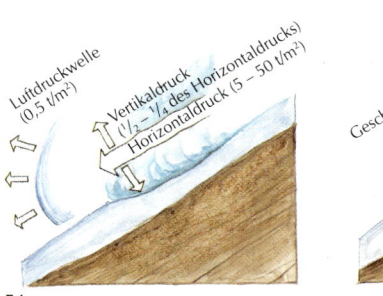
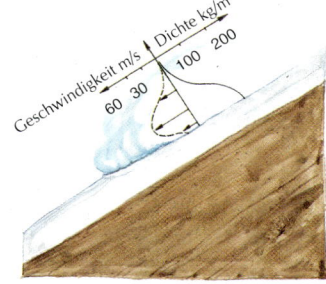

54 **Tatsachen über Lawinen:** Lawinenabgänge erfolgen am häufigsten auf Hängen mit einer Neigung von 28° bis 45°, doch sind auch andere Neigungswinkel keine Ausnahme. Eine Lawine kann mit über 200 km/h zu Tal donnern, an ihrer Front entsteht ein Druck von 5 bis 50 t/m² und die Druckwelle der Luft vor einer niedergehenden Lawine erreicht etwa 0,5 t/m². Ganz gleich ob eine Staub-, Schneebrett-, Firn- oder Grundlawine niedergeht, jede bewirkt nachhaltige Folgen für das Leben in den Bergen.

55 **Der Wind** ist ausschlaggebend dafür, wie viel Schnee in den Bergen fällt, wo er weg- und angeweht wird. Von den windseitigen Hängen befördert der Wind ungeheure Schneemassen in den Windschatten der Gletscherkare.

59 Verlauf der oberen Waldgrenze: Auf windausgesetzten Berghängen haben Wind und Temperaturgradient (a,b) den ausschlaggebenden Einfluss auf die Gestalt der oberen Waldgrenze. An anderer Stelle spielen das Einstürzen verwitterter Felswände und die Bildung schwach mit Bodenkrume versetzter Schutthalden (c) diese Rolle. Sehr deutlich zeigt sich der Einfluss von regelmäßig niedergehenden Schneelawinen, die häufig die Waldgrenze um mehrere 100 m abwärts verschieben (d). Auch der Mensch hat bei der Besiedlung der Berghänge und durch die Almweidewirtschaft die Gestalt der Vegetationshöhenstufen nachhaltig verändert (e).

An den Felskanten der Gletscherkare entstehen gewaltige Wechten, die schließlich als Lawinen abgehen (56, 57). Die regelmäßigen Lawinenbahnen wachsen mit einer bemerkenswerten Knieholzformation zu (Riesengebirge, Pantschegrube, 58).

Die obere Waldgrenze stellt in einer Berglandschaft eine wichtige Grenze dar, die Trennungslinie zwischen Montan- und Subalpinstufe. Die Wissenschaft hat im Lauf der Zeit festgestellt, dass mit zunehmender Entfernung eines Gebirges zum Ozean und zu den Polen – also bei größerer Äquatornähe und bei einer größeren Ausdehnung des Gebirges die Waldgrenze höher liegt. In den Sudeten reichen die Fichtenwälder bis knapp 1300 m ü.d.M., in den Alpen bereits über 2000 m ü.d.M. In den Hochgebirgen Afrikas verläuft die obere Waldgrenze über 3000 m ü.d.M. und im Himalaja wachsen Tannen-, Lärchen- und Birkenwälder sogar noch über 4000 m ü.d.M. Bei den beiden Polen sinkt die Waldgrenze praktisch bis auf Meeresspiegelhöhe ab. Der Verlauf der Waldgrenze unterscheidet sich auf den Nord- und Südhängen; Einfluss haben Geländeform, Schnee- und Steinlawinen, Winde, aber auch der Mensch mit seiner Weidewirtschaft (59). Zwischen oberer Waldgrenze und den allerletzten Krüppelbäumen (obere Baumgrenze) liegen oft einige Meter.

60 **Wie Wetterfahnen** funktionieren einzeln stehende Bäume und Sträucher oberhalb der Waldgrenze. Kronenform und -anordnung dieser Bäume liefern genaue Aussagen über die vorherrschende Windrichtung sowie über die Mächtigkeit der Schneedecke, die den größten Teil des Jahres die untere Baumpartie schützt.

60

Schnee und Lawinen

Auf den Berghängen sammelt sich nicht selten eine mehrere Meter hohe Schneedecke an, die der bodennahen Pflanzendecke und den bodenbewohnenden Organismen einen wichtigen Wärmeschutz bietet. Mit fortschreitendem Winter ändert sich unter dem Einfluss von

61

62

61 **Die winzigen Sträucher der Erikazeen** gehören in den europäischen Hochgebirgen zu den häufigsten Bewohnern der subalpinen Vegetationsstufe. Krähenbeere (a), Heidel- oder Blaubeere (b), Preiselbeere (c), Moos- oder Rauschbeere (d) und Alpenheide (e) sind allgegenwärtig, die Art *Phyllodoce caerulea* (f) wächst jedoch nur in Skandinavien.

Temperatur, Druck und Feuchtigkeit die Schneequalität, und die verschiedenen durch Eiskrusten voneinander getrennten Schneeschichten kommen ins Rutschen. Dabei beschädigen sie die Äste und Stämme der im Schnee eingeschlossenen Sträucher und Bäume. Von Zeit zu Zeit setzen sich auf stark abschüssigen Hängen riesige Schneemassen in Bewegung, um dann auf ihrer Talfahrt alles umzuwerfen und mitzureißen, was ihnen im Weg steht, meist Bäume und Sträucher. An Berghängen kann man genau die Stellen erkennen, an denen Schnee- aber auch Erdlawinen regelmäßig zu Tal fahren (58). Auf diesen Lawinenbahnen wachsen meist nur ausgewählte Krüppel- und Zwergsträucher mit säbelartig gekrümmten Ästen. An ihrer Gestalt lässt sich die regelmäßige Beschädigung und erneute Regeneration gut ablesen.

Kampf mit den Elementen

Überall in den Bergen, wo der Wind ständig aus einer Richtung weht, gibt es Windhänge und -kanten. Dort bringen die Bäume eigenartige, fahnenförmige Kronen hervor. Auf der Windseite wird die Rinde auf Stamm und Ästen unablässig ausgetrocknet und durch die vom Wind mitgeführten Eiskristalle, Schnee und Sandkörner abgeschliffen und verletzt. Die Wuchsknospen, aus denen Äste sprießen, bilden sich daher nur auf der windabgewandten Seite. Wenn nun eine Schneedecke die unteren, noch rundum gewachsenen Äste eines Baumes schützt, entstehen mit der Zeit an Stamm und Krone markante Formen (60).

Wind und Frost haben eigenartige Spalierformen aus kleinen Weiden geschaffen, Kriechschnee und Lawinen haben auf den Lawinenhängen bizarre Strauchformen kreiert: Knie- oder Krummholz, in dem verschiedene Birken, Ahorne, Ebereschen, Zwergerlen, Weiden, Alpenrosen, verkrüppelte Scheinbuchen, Zedern, Kiefern, Schierlingstannen oder Wacholder vorherrschen. In den Pyrenäen, Alpen, Karpaten und im Riesengebirge breiten sich auf der Subalpinstufe oberhalb der oberen Waldgrenze die dunkelgrünen Latschenkiefer- oder Legföhrenbestände aus. Sie liefern ein gutes Beispiel für gelungene Anpassung an das Wachstum oberhalb der Waldgrenze. Ihre kriechenden Stämmchen und säbelartig gekrümmten Äste wurzeln leicht, sodass im Lauf der Zeit auf den Hängen aus ursprünglich einem Exemplar große, miteinander verflochtene Strauchbestände entstehen. Diese Form der Vermehrung haben sich auch weitere Sträucher verschiedener Größen angeeignet, aber auch Gräser, Reitgras- und Binsenarten, die in den Bergen wachsen, z.B. Schlängelschmiele, Reitgras, Segge, Binsen oder Simsen. Für das Überleben in den rauen Hochgebirgsbedingungen ist diese Vermehrungsweise viel erfolgreicher, zudem bedecken die Pflanzen so freie Flächen schneller als durch die generative Vermehrung mittels Samen.

Die Latschenkiefer oder Legföhre blüht auffällig und bringt sogar unter den rauen Bedingungen oberhalb der Waldgrenze reichlich Zapfen mit keimfreudigen Samen hervor. Trotzdem sind ihre Sämlinge nur selten zu sehen. Latschenkiefern vermehren sich leicht vegetativ und können sich gut durch das Wurzeln ihrer kriechenden Stämme und liegenden Äste ausbreiten (64). Die bizarr geformten Torsos alter Sträucher verraten etwas vom entbehrungsreichen Leben der Hochgebirgsgehölze (Niedere Tatra, Pod Bystrou, 62). Eine Latschenkieferkolonie bietet allerhand Tieren Unterschlupf, z.B. dem Wiesenpieper (65) und der Waldeidechse (66).

Wie alt?

Ihrem niedrigen Wuchs zum Trotz erreichen die Gehölze an der oberen Waldgrenze ein sehr hohes Alter, das sich aber nicht so leicht feststellen lässt. Bei Bäumen mit einem einzigen Stamm wie Fichten, Lärchen oder Zirbelkiefern ist es kein Problem, die Jahresringe zu zählen und so das Alter des Baumes ziemlich genau festzustellen. Bei niedrig wachsendem Knieholz ist das schwieriger. Unter den rauen Bedingungen oberhalb der Waldgrenze geht das Wachstum unendlich langsam vor sich, sodass ein Halbmeterzweig ohne weiteres einige Jahrzehnte alt sein kann. Der Jahreszuwachs am Holz ist so gering, dass zum Zählen der Jahresringe meist eine starke Lupe notwendig ist. Außerdem ist bekannt, dass in Landschaften mit extremen Bedingungen und auch bei sehr alten Exemplaren in manchen Jahren gar keine Jahresringe entstehen. Dieses Phänomen wird Auskeilen genannt. Durch das Wurzeln kriechender Äste und Stämme und die Entstehung neuer Tochterzweige und -sträucher erfährt die Randzone eines solchen Strauches eine unablässige Verjüngung; dadurch wird die Bestimmung des absoluten Alters, genauer des Zeitpunkts, an dem der junge Strauch aus dem Samen spross, einfach unmöglich. Der ursprüngliche Stamm existiert häufig nicht mehr, sein Holz ist schon längst vermodert. Die ältesten Knieholzstämme im Riesengebirge sind rund 300 Jahre alt, doch wie oft hat sich die Periode von 300 Jahren während der Geschichte der dortigen Latschenkieferbestände wohl wiederholt? Einige Krüppelwacholder und -kiefern auf den Hängen der Sierra Nevada, USA, sind rund 4000 Jahre alt und gelten bei weitem noch nicht als überalterte, dem Untergang geweihte Exemplare. Zweifellos dürfen sie aber zu den ältesten noch lebenden Pflanzen auf unserem Planeten gezählt werden.

Ein unermüdlicher Gärtner

An der oberen Waldgrenze der Alpen oder der Tatra fallen schon von weitem die ausladenden, dunkelgrünen Kronen alter Nadelbäume auf. Das ist die Zirbelkiefer, ein sehr widerstandsfähiges Gehölz, dessen älteste Exemplare in den Alpen 1000 Jahre alt sind. Sie sind lebende Zeugen alter Zeiten, als die obere Waldgrenze ein Stück höher verlief. Gelegentlich wachsen auf Fels oder Geröll auffällig dichte Zirbelkiefergruppen, die im Unterschied zu ähnlichen Fichtenkrummstämmen (Fichtenfamilien) nicht durch Wurzelung von zu Boden geneigten Ästen entstanden sind. Ihre Entstehung wurde durch Vögel ermöglicht. Der Tannenhäher, ein Vogel aus der Rabenfamilie, frisst nämlich mit Vorliebe die großen, ölhaltigen Samen der Zirbelkiefer (67). Mit seinem scharfen Schnabel holt er sie aus den kugeligen Zapfen und verzehrt sie dann an hoch gelegenen Warten. Einen Teil lagert er als Vorrat ein. Später kommt es vor, dass er eine solche Stelle nicht findet und so wachsen aus den vergessenen Zirbelnüssen mit der Zeit Sämlingsgrüppchen heran. Die Vögel sind also Mitgestalter der an eigenwilligen Stellen wachsenden Zirbelkieferwäldchen an der oberen Waldgrenze der Alpen und Karpaten.

Sträucher jeder Größe

Sträucher auf schattigen Nordhängen sehen anders aus als die auf sonnigen Südhängen, die an dauernassen Standorten anders als die an Windkanten; auf Kalkstein wachsen andere Arten als auf Graniten oder Glimmerschiefern. Für viele Straucharten, z.B. für die Rhododendren oder Alpenrosen, ist eine hohe Schneedecke lebenswichtig,

Weiden und Alpenrosen: Auf den ersten Blick sehen Lapplandweide, *Salix lapponica* (a), *S. glauca* (b) und *S. lannata* (c) einander sehr ähnlich (68). Auf den feuchten, torfbeschichteten und lange verschneiten Hängen des Skandinavischen Gebirges bilden sie graugrüne Dickungen, in denen nicht selten das prächtige Blaukehlchen (165) nistet. An ähnlichen Stellen in den Granitalpen (Nationalpark Stelvio, Italien) breitet sich die Rostrote Alpenrose (69) aus, eine der wenigen europäischen Vertreter einer Gattung mit Ursprung im fernen Himalaja und den Japanischen Alpen. Dort kommen zahlreiche Arten vor, in den europäischen Gebirgen lediglich vier.

67 Wind, Wasser und Tiere gehören in den Bergen zu den „Obergärtnern". Das Schicksal von Hochgebirgpflanzen ist auf vielerlei Weise mit deren Erscheinen verknüpft; für den Tannenhäher beispielsweise stellen Zirbelnüsse, richtiger Zirbelkiefer- oder Arvensamen, die Hauptnahrung dar.

da sie Schutz vor Frost und Trockenheit bietet. Gerade im Winter sind die Gehölze besonders gegen Austrocknung empfindlich, denn bei Temperaturen unter Null kommt es auf der Nadeloberfläche zu einer schwachen Sublimation; die Pflanzen atmen und außer den Energievorräten verlieren sie so auch Wasser. Aus dem gefrorenen Erdreich können die Wurzeln diese Verluste nicht ausgleichen. So kommt es zu Frostschäden, die sich durch großflächiges Vergilben der Nadeln im Vorfrühling zeigen. Nicht einmal Knieholz verträgt windige Lagen besonders gut und bevorzugt Orte mit einer höheren Schneedecke; gemeinsam mit Grün-Erlen überzieht es auch Lawinenbahnen mit einer neuen Gehölzdecke. In Gebirgen aus Silikatgesteinen ist die Rostrote Alpenrose ein häufiger Gast der gut verschneiten Hänge, ihre Bestände kommen nach und nach mit dem Schmelzen der Schneedecke zur Blüte. Die Bewimperte Alpenrose hingegen ist die Zierde der Kalkalpen.

Im Schutz der Wälder und Gebüsche: Die verstreuten Strauchmatten bieten nicht nur den gebirgsbewohnenden Raufußhühnern Unterschlupf und Nahrung, wie etwa dem Himalaja-Riesenhuhn (72), auf der Nahrungssuche verirrt sich sogar der Vielfraß (74) aus der Taiga hierher, um kleinen Nagern nachzustellen. Die eigenartige Takin oder Rindergämse (75) bewohnt die Alpenrosenmatten auf den Hängen des Himalaja in Höhen von 3000-4000 m ü.d.M. Der prachtvolle Himalaja-Schneeleopard oder Irbis (73) verbringt den größten Teil des Jahres oberhalb der Schneegrenze, kommt aber auf Beutesuche gelegentlich auch in tiefere Lagen herab. Unter seiner Beute finden sich fast alle asiatischen Gebirgshuftiere - der Sibirische Steinbock, Bharal, Tahr, Argali oder Urial. Über der Waldgrenze wächst auf dem Mount Kenya-Gebirge in Zentralafrika eine bizarre Gesellschaft aus Riesen-Greiskräutern und -Lobelien (71), deren dicht behaarte Blattrosetten schadlos die häufigen Nachtfröste überstehen. Die eigenwillige Form der Krüppel-Lärche (70) auf dem Hang unterhalb des Mont Blanc erzählt hingegen von der regelmäßigen Beschädigung durch gleitenden Schnee, Lawinen und heftige Winde. Auch das Guanako (76) hat sich gut an die rauen Hochgebirgsbedingungen der südamerikanischen Anden angepasst.

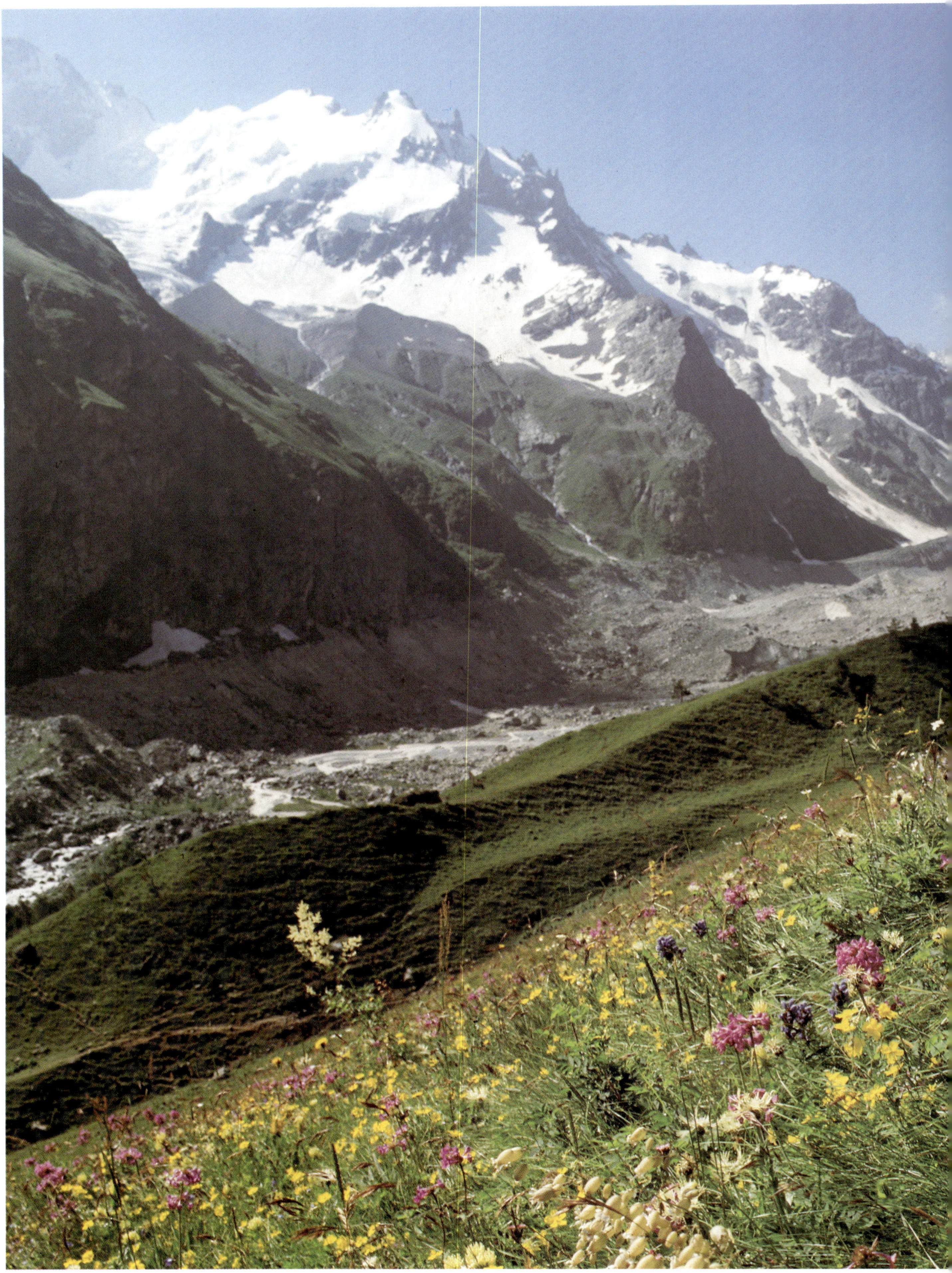

Bergwiesen

Eine Flut aus großen Blüten, üppigen Farben und würzigen Düften zieht jeden in ihren Bann, der sich auf einer Bergtour durch das Dickicht der Legföhren und Zwergweiden gearbeitet hat und die Welt der Bergmatten betritt. Hier staunt der Mensch über die üppige Pracht, mit der die Natur in diesen Regionen die bescheidenen Primeln, stolzen Alpennelken oder zottigen Spitzkiele bedacht hat. Dabei ist ihm nicht bewusst, dass es sich um eine ausgeklügelte Anpassung an den starken Wind und die intensive Sonnenstrahlung handelt, und um das Bestreben, mit dieser Pracht Insekten anzulocken, die für die Fortpflanzung unentbehrlich sind. Nicht zuletzt müssen die Pflanzen auch in der Lage sein, zum Überleben ein Nährstoff-Maximum aus dem kargen Hochgebirgsboden zu ziehen. Hier und dort trifft der Wanderer auf eine alte Almhütte, denn schon vor langer Zeit sind Menschen hierher vorgedrungen und haben mit Feingefühl, Respekt und Demut begriffen, wie die Natur mit ihrem Reichtum haushält, und gelernt, diesen mit Vernunft zu nutzen.

77 **Die traumhaften Bergwiesen** am Ende des Adyl-Su-Flusstals im Großen Kaukasus werden von bunten Schwalbenschwänzen geschmückt (78).

1 **Goldglänzender Laufkäfer** (*Carabus auronitens*), 2 **Gyllenhals Dammläufer** (*Nebria gyllenhali*), 3 **Metallischer Schulterläufer** (*Pterostichus burmeisteri*), 4 **Sechspunkt-Putzläufer** (*Agonum sexpunctatum*), 5 **Gebirgsstelze** (*Motacilla cinerea*), 6 **Mornell-Regenpfeifer** (*Eudromias morinellus*), 7 **Apollofalter** (*Parnassius apollo*), 8 **Großer Trägrüssler** (*Liparus glabrirostris*), 9 **Kratzdistel** (*Cirsium heterophyllum*), 10 **Alpendost** (*Adenostyles alliariae*), 11 **Russischer Bär** (*Panaxia quadripunctaria*), 12 **Silberfleck-** o. **Geißklee-Bläuling** (*Plebejus argus*), 13 **Plumpschrecke** (*Isophya pyrenaea*), 14 **Kreuzspinne** (*Araneus marmoreus*), 15 **Perlmuttfalter** (*Boloria pales*), 16 **Wiesenpieper** (*Anthus pratensis*), 17 **Dukatenfalter** (*Lycaena virgaureae*), 18 **Schnarrschrecke** (*Psophus stridulus*), 19 **Rasenschmiele** (*Deschampsia caespitosa*), 20 **Blutzikade** (*Cercopis sanguinolenta*), 21 **Reitgras** (*Calamagrostis villosa*), 22 **Weiches Honiggras** (*Holcus mollis*), 23 **Gemeines Ruchgras** (*Anthoxanthum odoratum*), 24 **Alpen-Milchlattich** (*Cicerbita alpina*), 25 **Holunder-Arzneibaldrian** (*Valeriana sambucifolia*), 26 **Hain-Kreuzkraut** (*Senecio nemorensis*), 27 **Hermelin** (*Mustela erminea*), 28 **Europäische Trollblume** o. **Kugelranunkel** (*Trollius altissimus*), 29 **Blauer Eisenhut** (*Aconitum callibotryon*), 30 **Borstgras** (*Nardus stricta*), 31 **Rotschwingel** (*Festuca rubra*), 32 **Storchschnabel** (*Geranium sylvaticum*), 33 **Goldfingerkraut** (*Potentilla aurea*), 34 **Gemeiner Regenwurm** (*Lumbricus terrestris*), 35 **Alpenaster** o. **Blaue Gamsblüh** (*Aster alpinus*), 36 **Alpenglockenblume** (*Campanula alpina*), 37 **Frühlingskrokus** (*Crocus albiflorus*), 38 **Alpenspitzmaus** (*Sorex alpinus*), 39 **Berghahnenfuß** (*Ranunculus montanus*), 40 **Clusius-Enzian** (*Gentiana clusii*), 41 **Hornklee** (*Lotus corniculatus*)

12
13
14
15
16
17
18
19
20
21
22
23
24
25
26
27
28
29
30
31
32
33
34
35
36
37
38
39
40
41

Die Galerie der Bergwiesen

Eine ungewöhnliche Vielfalt an Formen, Farben und Düften – das ist die Welt der Alpenmatten, die die Hänge aller über die obere Waldgrenze hinausragenden Berge bedecken. Diese fantastische Buntheit der Alpenwiesen und -matten ist das Resultat der unterschiedlichen Lebensbedingungen, die oberhalb der Waldgrenze herrschen. Hänge sind schattig oder sonnig, trocken oder feucht, steil oder sanft, sie sind nach unterschiedlichen Himmelsrichtungen ausgerichtet und haben eine unterschiedlich tiefe oder fruchtbare Bodenkrume, die jeweils in Kalkstein- oder Granitgebirgen ganz verschieden aufgebaut ist.

Das Ökosystem der Bergwiesen ist anders geordnet als das der Wälder oder Gebüsche, in denen der Raum meist von einer oder zwei Arten beherrscht wird, während sich die anderen unterordnen. Auf den Wiesen bestimmen Grasgewächse die Raumordnung mit ihrer Höhe und ihrer Ausdehnung, doch immer bleibt Platz genug für zahlreiche Arten nieder- und hochwüchsiger Gräser und breitblättriger Kräuter. Zur Einordnung der vielen verschiedenartigen Bergwiesen haben die Botaniker gerade die Gräser herangezogen, sodass man z.B. von Riedgras-, Seggen-, Grannenhafer-, Blaugras-, Schwingel-, Rispengras-, Pfeifengras- oder Schmielenwiesen spricht. Hinter diesen Bezeichnungen verbirgt sich die sprichwörtliche Buntheit der Alpenmatten, das Traumland aller Botaniker und Freunde der Hochgebirgsflora. Nur schwerlich könnte man sagen, welches Gebirge die schönsten und reichsten Wiesen zu bieten hat. Die Pflanzenwelt der alten europäischen Gebirge, die aus silikatsauren Gesteinen bestehen, ist allgemein karger als die Flora der Kalkalpen oder die legendären Blumenwiesen auf den Hängen von Kaukasus oder Himalaja. Pracht und Reichtum sind jedoch weitgehend relative Begriffe und man kann sagen, dass jede blühende Alpenwiese das Herz des Bergwanderers höher schlagen lässt.

80 **Gräser** stellen das Rückgrat einer jeden Bergwiese. Auf kargen Böden sind es meist Borstgras (a), windige Stellen behagen der Polster-Segge (b), nährstoffreiche Böden beherbergen Gold-Grannenhafer oder Rotschwingel (c, d), in Kalksteingebirgen wächst Burst oder Kalk-Blaugras (e), auf Almen das Wiesenkammgras (f).

Überlebenskunst

Die bunten Blütenfarben und -formen der Alpenpflanzen sind keine Pracht zum Selbstzweck, sondern eine streng funktionsorientierte Anpassung an die harten Lebensbedingungen der Hochgebirge. Bei vielen Pflanzenarten auf den Bergmatten überwiegen dunklere Blütenfarben wie Rot, Blau oder Violett. Das ist eine Abwehrmaßnahme gegen die bereits schädlich starke UV-Strahlung in höheren Lagen. In den Pflanzenteilen entstehen mehr Anthocyanidine Farbträgermoleküle, die UV-Strahlen absorbieren können. Je nach pH-Wert im Zellsaft haben die Anthocyane (und folglich die Blüten) eine rosige, rote, violette oder blaue Färbung. Die Zellsäfte weisen auch eine höhere Zuckerkonzentration auf, was den Pflanzen hilft, erfolgreich Kurzzeitfröste zu überstehen. Auch bei Tieren führt die UV-Strahlung zu einer dunkleren Körperfarbe und verschiedenen Funktionsände-

Eine blühende Bergwiese bietet stets eine faszinierende Palette prächtiger Formen, Farben und Düfte. Verschiedene Formen von Blüten und Blütenständen zeigen Wicken (a), Lichtnelken (b), Veilchen (c), Salbei (d), Schöterich (e), Lilien (f), Kornblumen (g), Wucherblumen (h), Pippau (i) oder Arnika (j). Manche Arten einer Gattung halten nur einem ganz bestimmten Gebirge die Treue, etwa die wunderschöne Kaukasus-Lilie (81) oder die Krainer Lilie (Südalpen, 82). Den Türkenbund (83 f) und die Feuerlilie (90) hingegen sind in den meisten europäischen Gebirgen anzutreffen. Ganz gleich, wie groß und prunkvoll Lilienblüten aussehen, stellen sie doch immer nur eine Einzelblüte dar, die eine gewisse Ähnlichkeit mit den Orchideen (k) oder Eisenhüten (l) zeigt. Bei den Korbblütlern hingegen (z.B. Arnika, Wucherblume, Pippau, Schafgarbe) besteht die vermeintliche Blüte in Wirklichkeit aus einem komplizierten Blütenstand (m), der eine Vielzahl von Blüten enthält. An dessen Rand sitzen Zungenblüten (n), in der Mitte der Blütenboden mit den Röhrenblüten (o), aus denen sich nach der Bestäubung und Befruchtung die Frucht entwickelt – ein fein beflaumtes Nüsschen (p), das leicht vom Wind weggetragen wird.

rungen in der Haut. Das erlaubt ihnen eine bessere Wärmeabsorption, sodass sie die kühlen Nächte besser vertragen.

Die größeren Abmessungen der auffällig gefärbten und intensiv duftenden Blüten sind eine wichtige Anpassung zur erfolgreichen Bestäubung, denn mit zunehmender Höhe über dem Meeresspiegel nimmt die Zahl der Bestäuber ab. Das sind in hohen Lagen vor allem Hummeln und verschiedene Schmetterlingsgattungen (Mohrenfalter, Bläulinge, Perlmuttfalter, Fleckenfalter, Ritterfalter), in geringerem Umfang auch noch andere Insektengruppen. Die meisten Pflanzen haben sich an einen stetigen Wind gewöhnt, sodass die Windbestäubung (Anemogamie) bei ihnen zur vorwiegenden Bestäubungsweise geworden ist. Auch die Samen werden normalerweise vom Wind oder Wasser verbreitet. Zwar setzen sich Gebirgskräuter gegen die ausdörrende Wirkung starker Winde durch einen niedrigen Wuchs und die Bildung dichter, an den Boden gedrückter Horste und Polster zur Wehr, doch recken zur Zeit der Samenreife einige Pflanzen, z.B. die Zwergprimel (85 b) ihre Fruchtstängel beachtlich in die Höhe, sodass der Wind die Samen leicht mitnehmen kann.

Mit zunehmender Höhe über dem Meeresspiegel und abnehmender Lufttemperatur verkürzt sich die Vegetationszeit beträchtlich, ungefähr eine Woche pro 100 Höhenmeter. Kein Wunder, dass sich Frühjahrs und Sommerblüten auf den Bergwiesen in geradezu hektischem Tempo ablösen. Zwischen den letzten Schneeresten stehen die Zwiebelgewächse, deren Blütenorgane in den Zwiebeln schon seit dem vorigen Sommer bereitliegen, bereits in voller Blüte. Nach einer ersten Krokus-, Blaustern- und Narzissenwelle blühen Primeln, Kuhschellen, Anemonen und einige Enziane auf. Der Sommer steht dann im Zeichen von Habichtskräutern, Pippau, Eisenhüten, Kratzdisteln, Alpenlilien, Läuse- und Fingerkräutern, Nelkenwurzen und Veilchen. Geht er zur Neige, kommen andere Enzianarten zum Zuge, z.B. der Schwalbenschwanz- oder Ungar-Enzian sowie die verschiedenen Zwerg-Enziane. Eine ganze Reihe von Pflanzen ist nicht imstande, in einer so kurzen Zeitspanne alle Lebensphasen durchzumachen, und so blühen sie nur alle zwei Jahre oder sogar unregelmäßig, nur in klimatisch außergewöhnlich günstigen Jahren. Auch die Samen zahlreicher Arten reifen oder keimen erst im Folgejahr nach der Blüte. Manche Alpenpflanzen vermehren sich ausschließlich vegetativ, was ihnen weniger Energieaufwand abfordert als die geschlechtliche Fortpflanzung. Bei zahlreichen Gräsern und Kräutern verdorren die Blätter im Herbst nicht vollständig, sondern bleiben unter dem Schnee teilweise grün; dabei werden sogar physiologische Prozesse wie Photosynthese und Transpiration weitergeführt. Im Frühjahr müssen diese Pflanzen nicht alle Blätter neu hervorbringen, sodass sie die kurze Vegetationszeit zweckmäßiger nutzen können. Diese immer-

85 Primeln und Enziane gehören zu den Schmuckstücken jeder Bergwiese. Die rund 600 Primel- oder Schlüsselblumenarten sind vorwiegend über die Berge der Nordhalbkugel verbreitet, wo die Gemeine Schlüsselblume (a) häufig zu sehen ist oder auf saurem Gestein die Zwergprimel (b). Wulfens Schlüsselblume (c) ist ein Endemit der südöstlichen Kalkalpen, die Weißrand-Schlüsselblume (d) wächst nur in den Westalpen. Auf den mineralreichen, vertorften Bergwiesen wächst die Mehlprimel (e) und das Prunkstück der Felswände in Dolomiten und Kalkalpen, die Alpenaurikel (f).

84 Wie Zwerge neben Riesen nehmen sich die nordamerikanische Lobelie (a) und die zwei Greiskräuter aus den europäischen Gebirgen (b, c) vor dem baumwüchsigen Kreuzkraut (d) und der Lobelie (e) von den Hängen südafrikanischer Vulkane aus.

Ein enger Verwandter der Primeln ist *Dodecatheon pulchellum*, der im zeitigen Frühjahr die alpinen Wiesen im Yellowstone-Nationalpark ziert (86). Eine ähnliche Verbreitung wie die Primeln haben auch die Enziane. Der wohl bekannteste europäische Enzian ist der Schwalbenwurz-Enzian (g); von den vielen anderen Arten sollten wenigstens Clusius-Enzian (h), Frühlings-Enzian (i), Gletscher- (j) und Schnee-Enzian (k), Deutscher Enzian (l), Ungar-Enzian (m), Tüpfel-Enzian (n) und Pyrenäen-Enzian (o) vorgestellt werden. Eine besonders attraktive himalajische Art ist *Gentiana depressa* (87). Die Plumpschrecke (88) bleibt im Gras perfekt verborgen, doch auf einer Blüte des Schwalbenwurz-Enzians erstrahlt ihre sattgrüne Farbe.

grünen Pflanzen stellen im Winter oft die einzige Nahrung für die Gams- und Steinbockherden dar. In hohen Lagen wirkt die Kälte als stärkste Bremse für alles Leben; damit müssen sich Pflanzen und Tiere notgedrungen arrangieren.

Entfernte Verwandte

Bei Besuchen in Hochgebirgen auf fremden Kontinenten sieht sich der Naturkundler häufig mit einer Flut neuer Pflanzenfamilien und Gattungen konfrontiert. Natürlich begegnet er auch hier Arten und Gattungen, die altbekannt sind oder wenigstens alten Bekannten aus anderen, oft viele tausend Kilometer entfernten Gebirgen ähneln. Dazu gehören in erster Linie die Gattungen Steinbrech, Primel und Enzian, deren Vertreter auf den Bergmatten und Felswänden im Himalaja, Kaukasus, in den Alpen, den Rocky Mountains oder Anden wachsen. Unterschiede gibt es da nur in der Farbe oder Form von Blättern bzw. Blüten und selbstverständlich auch in den Artnamen (85). Und umgekehrt: Die Riesengewächse auf den Hängen über der Waldgrenze in den ostafrikanischen Massiven Kilimandscharo und Mount Kenya sehen ihren entfernten Verwandten aus der Gattung Kreuz- oder Greiskraut in der Familie der Asteraceae (Korbblüter) oder den Lobelien aus der Familie Campanulaceae (Glockenblumengewächse) in den europäischen bzw. nordamerikanischen Bergen überhaupt nicht ähnlich (84). Diese haben bemerkenswerte Adaptationen für das Überleben der extremen Temperaturunterschiede zwischen Tag und Nacht entwickeln müssen, doch den eigentlichen Grund für ihren Riesenwuchs hat die Wissenschaft bis heute nicht aufdecken können.

Keine Wiese ist wie die andere

In den niedrigen Berglagen gibt es kaum noch ursprüngliche Wiesen. Die Wiesen dort wurden vor langer Zeit von Menschenhand anstelle von gerodeten Wäldern angelegt und die verschiedenen Arten der

Die Bestäubung der Alpenpflanzen übernimmt meist der Wind, doch auch in diesem kühlen und windigen Biotop sind noch viele Pflanzen Insektenblütler. Zu den wichtigen Bestäubern gehören Hummeln und Schmetterlinge. Auch noch hoch oben in den Bergen kann man auf verschiedenen Blüten Stein-, Wiesen- oder Kurzkopfhummeln, Rotband-Mohrenfalter oder Dickkopffalter (89) erblicken. Zahlreiche Schmetterlingsarten leben dauernd in diesen Höhenlagen, andere werden von starken Winden aus tieferen Lagen hierher verschlagen.

Bewirtschaftung haben zusammen mit den Standortbedingungen (Unterlage, Wasser, Klima, Höhe ü.d.M.) diesen Kultur-Ökosystemen ihre Gestalt verliehen. Eine Wiese in einer Flusstalaue sieht anders aus als eine Wiese auf den sonnigen Hängen einer Hügellandschaft oder als eine Weide am Bergfuß. Eines haben sie aber alle gemeinsam: Zur Erhaltung ihrer Artenzusammensetzung und Produktivität ist die Pflege durch Menschenhand unentbehrlich. Stellt der Mensch die Arbeit ein, verwildern die Wiesen, ihre Artenzusammensetzung wandelt sich und meist kehrt allmählich das natürliche Biom – der Wald – an den Standort zurück.

Die Bergwiesen der tieferen Lagen haben meist die gleiche Geschichte vorzuweisen, denn sie sind alle während der Kolonisierung der einzelnen Gebirge anstelle von Berg- und Bergvorlandwäldern entstanden. Nach der Rodung begannen die Menschen auf den künstlich entwaldeten Flächen Gras zu mähen, Rinder, Ziegen und Schafe zu weiden, den Wasserhaushalt zu regulieren und zu düngen, um die Artenzusammensetzung der Bergwiesen und deren optimale Produktivität zu erhalten. Von den natürlichen Alpenmatten in Gipfelnähe, von den Felswänden und Gletscherkaren hat sich die ursprüngliche Gebirgsflora auf die entwaldeten Enklaven ausgebreitet. Zudem haben die Menschen hier verschiedene Heil-, Nutz- und Zierpflanzen ausgebracht, sodass sich allmählich das Artenspektrum der künstlich angelegten Bergwiesen herausgebildet hat. Insbesondere in den Kalkstein- und Dolomitgebirgen, auf deren Hängen sich bei Gesteinszerfall weitaus mineralreichere Böden bilden als in den Silikatgebirgen, sind im Lauf der Zeit ausgesprochen üppige Bergwiesen entstanden, die zu Recht Blumenwiesen genannt werden. An ihrer Zusammensetzung sind zahlreiche Gräser wie Riedgras, Grannenhafer, Staudenhafer, verschiedene Blaugräser, Schwingel, Straußgräser und Simsen beteiligt, aber auch Kräuter wie Enziane, Primeln, Glockenblumen, Läusekraut, Hahnenfuß, Fingerkraut, Klee, Hornklee, Spitzkiele, Bärenschoten, Teufelskrallen, Habichtskraut, Pippau, Arnika, Löwenzahn und viele andere.

Der Artenreichtum von Bergwiesen hängt von der mineralischen Bodenzusammensetzung ab. Da Gebirgsböden meist stickstoffarm sind, haben die Bergbauern die Wiesen gedüngt. Je nach Stickstoffgehalt haben sich also auf den Berghängen unterschiedliche Wiesengesellschaften entfaltet. In stickstoffarmen Böden geht die Tätigkeit der Zersetzer sehr langsam voran, sodass es dort zu einer Anhäufung von saurem Rohhumus kommt. Außerdem werden die Nährstoffe von den beträchtlichen Niederschlägen in die tiefer liegenden Bodenhorizonte ausgeschwemmt, wo sie für die Pflanzenwurzeln unerreichbar sind. In Oberflächennähe entsteht eine hell gefärbte, saure und nährstoffarme Podsolschicht. An solchen Stellen wachsen Borstgras, Schlängelschmiele, Gemeines Straußgras oder Weiches Honiggras. Die sonstigen Arten treten in stark reduzierter Zahl auf, denn die lebenden Horste und das sich ansammelnde Vorjahresgras verhindern ein Keimen am Licht und entziehen den anspruchsvolleren Krautarten den Raum. Dagegen sind Böden mit einer mittleren Stickstoff-, Kalk-, Phosphor- und Kaliversorgung artenreich, an der Zusammensetzung ihrer Flora sind zahreiche Gras- und Krautarten beteiligt. Da aber auch in der Natur allzu viel ungesund ist, werden Stellen, an denen sich zu viel Stickstoff angesammelt hat (z.B. in der Umgebung von Almen oder auf überdüngten Bergwiesen) von stickstoffliebenden (nitrophilen) Pflanzen besiedelt. Dazu gehören beispielsweise Sauerampfer, Brennnesseln und Knöteriche. Es sind sehr vitale Arten mit keimfreudigen Samen, wuchernden Wurzelstöcken und der Fähigkeit, in ihren Körper Stickstoff aufzunehmen und seinen weiteren Kreislauf zu regulieren. Sie nutzen ihre Vitalität zur Verdrängung anderer Nachbarpflanzen und zu einer schnellen Ausbreitung und Durchwucherung der umliegenden Blumenwiesen. Stellen mit einer nitrophilen Pflanzendecke zeigen zwar ein sattes Grün, sind aber landwirtschaftlich und botanisch schwer geschädigt, und das langfristig. Verstärktes Auftreten von Ampfern, Brennnesseln, Kratzdisteln und anderen nitrophilen Pflanzen verrät noch nach Jahrzehnten den Standort einstiger Almen, Viehpferche und regelmäßige Standplätze von Hirsch-, Reh- und Gamswild.

Naturwirtschaft

Viele Flächen auf der Alpinstufe sind in der Vergangenheit nie von der Hand eines Landwirts berührt, nie abgeerntet oder abgeweidet

91 **Der Artenreichtum** von Bergwiesen hängt vor allem von der Bodenbeschaffenheit ab. Auf tiefen humus- und nährstoffreichen Böden entstehen artenreiche Alpenmatten (a), und wenn diese gut gepflegt werden, sind sie die Zier aller Berghänge oberhalb der Waldgrenze. Sie stellen eine bemerkenswerte Mischung aus Gräsern und breitblättrigen Käutern dar, in der Finger- und Habichtskraut, Veilchen, Pippau, Enziane, Läusekraut, Glockenblumen, Leimkraut, Lichtnelken, Hahnenfußarten und viele andere hervorstechen. Auf den kalten, windumtosten, höher liegenden Hängen, wo der Boden arm an Stickstoff und anderen Nährstoffen ist, überwiegt oft eine Grasart, z.B. Borstgras, Reitgras oder Alpensegge (b). Die Dichte ihrer Horste verhindert eine stärkere Entfaltung lichtbedürftiger Kräuter. Solch eine Wiese macht einen monotonen Eindruck, doch sind auch darin viele Prachtstücke der alpinen Flora zu finden, z.B. Alpenkuhschelle und Frühlingskuhschelle, Alpenlattich und Sudeten-Läusekraut, Graues Greiskraut oder Zwergprimel. Wird das regelmäßige Mähen und die Düngung von bewirtschafteten Wiesen eingestellt, setzt bald eine deutliche Veränderung ein. Schon nach wenigen Vegetationszeiten verschwinden die Erdorchideen, Veilchen und Habichtskräuter, sogar solche Prachtstücke wie die Feuerlilie (90). Anfänglich wächst die Lilie dort noch, blüht aber nicht mehr und vermehrt sich aus Brutzwiebeln in den Blattquirlen. Nach mehreren Jahren ist sie dann völlig verschwunden. Gelangen aus irgendwelchen Gründen zu viel Stickstoff und andere Nährstoffe in den Boden, werden sie nur von einigen wenigen Pflanzen genutzt. Diese besetzen den gesamten Raum und verdrängen ihre ökologisch anspruchsvolleren Nachbarn. Im Dämmerlicht der dichten Alpenampfer- (c) oder Schlangenknöterichbestände können nur noch die wenigsten widerstandsfähigen Pflanzenarten ihr Dasein fristen. Die Beseitigung der nitrophilen Kräuter ist recht aufwändig und es dauert viele Jahre, ehe auf solche Hänge schöne Bergwiesen zurückkehren.

worden, und doch zeigen sich dort wunderschöne Bergwiesen. Die Hänge von Gletscherkaren, Steilhänge und Geröllfelder sind mit Kurzhalmrasen oder Alpenmatten bedeckt, auf denen die Natur von jeher allein ihre Produkte „bewirtschaftet" und die Menschen mit ihren Landwirtschaftsmaschinen von einer Millionenarmee aus Mikro- und Kleinorganismen ersetzt werden. In einem einzigen Gramm Bodenkrume unter einer Blumenalpenmatte leben rund 30 Milliarden Bakterien und Schimmelpilze (im Boden unter einer Riedgraswiese sind es „bloß" 5 Milliarden), unzählige Einzeller, zahlreiche Regenwürmer, Milben, Springschwänze und kleine Nager. Alle beteiligen sich wirksam an den Zersetzungsprozessen, an der Durchlüftung, Lockerung und Düngung des Bodens, und zwar ununterbrochen, auch den ganzen Winter über, denn diese Alpenwiesen liegen normalerweise unter einer hohen Schneedecke. Bereits bei 50 cm Schneedecke kommt es kaum noch zum Gefrieren des Bodens. Die Exkremente der Springschwänze, Würmer, Wühlmäuse, Lemminge, Murmeltiere und Pfeifhasen stellen einen Naturdünger dar, der die Fruchtbarkeit der Gebirgsböden verbessert. Auf den Bergwiesen wachsen verschiedene Wickengewächse – Wicken, Platterbsen, Bärenschote, Spitzkiele, Alpen-Süßklee, Wund- und Hornklee – an deren Wurzeln kleine bakteriengefüllte Knöllchen entstehen. Die Bakterien sind im Gegensatz zu den Grünpflanzen in der Lage, atmosphärischen Stickstoff zu binden und in Stickstoffverbindungen umzuwandeln, welche die Pflanze dann verwerten kann. Das ist eine natürliche Stickstoffdüngung, deren Prinzip den Bauern in den Tiefebenen schon lange gut bekannt ist, deshalb säen sie als Zwischenkulturen auf Ackerböden in großem Umfang Wickengewächse, z.B. Luzerne, Klee und Lupinen. Auf kargeren Böden mit einer geringeren Aktivität der Mikroorganismen ist die Mykorrhiza, die Symbiose der Pflanzenwurzeln mit Pilzfäden, eine willkommene Verbesserung der Ernährung, da diese ebenfalls die Versorgung der Pflanzen mit Stickstoff und anderen Nährstoffen fördert. Eine besondere Anpassung an langsamere Aufnahme und Transport der Nährstoffe und an deren höhere Entnahme aus den relativ kargen Gebirgsböden sind die Fadenwurzeln, die bei den Alpenpflanzen bis zu fünfmal länger sind als bei den Pflanzen der Tiefebene. An der Düngung und Urbarmachung der Bergwiesen hat auch der Wind seinen aktiven Anteil. Unablässig weht er das verschiedenste organische, aber vor allem auch anorganische Material von den Luvhängen und legt es im Windschatten ab. Forscher haben errechnet, dass auf einem Hektar Oberfläche so jährlich bis zu 20 t Boden- und Staubpartikel, Sand und Steinkörnchen von erodierten Felsen, aber auch Kunstdünger verlagert werden, die der Wind aus dem Flach- und Bergvorland sowie von den Luvhängen herbeiweht. In der Hohen Tatra befindet sich z.B. die Gamsgrube, an der sich auf diese Weise eine bis zu drei Meter mächtige Lehm-

Wind und Frost können Bergwiesen an manchen Stellen zu eigenartigen Geländeformationen modellieren, die wie Treppen, Terrassen oder begraste Kuppen aussehen. Der starke Wind unterhöhlt die Grashorste, legt ihre Wurzeln bloß und weht die Bodenkrume davon. So schafft die Winderosion (Deflation) auf der Luvseite ein eigenwilliges Mosaik aus erhabenen Einzelhorsten oder langen Bändern. Dort friert und taut der Boden leichter, was die Deflation noch beschleunigt. Auf eine andere Weise entstehen die eigenartigen Treppen. Deren manchmal mehrere Dezimeter hohe Setzstufe besteht aus Gras- und Krautnarbe, während die waagerechte Trittstufe eine Oberfläche aus Stein hat. Das sind die so genannten Girlandenböden (92). Bei Temperaturen um den Nullpunkt kommt es zum abwechselnden Gefrieren und Tauen, im feuchten Boden bildet sich Eis, das Steine und feinen Kies an die Oberfläche drückt. Der Wind weht die feine Bodenkrume und den Humus von der Oberfläche, sodass die steinigen Terrassen oder Trittflächen der Stufen vegetationslos bleiben. Girlandenböden kommen meist in Kalksteingebirgen vor und beherbergen eine bunte Pflanzengesellschaft. Auf Ebenen oder leicht geneigten Geländen, vor allem an Stellen, die im Winter freigeweht werden, hat der Frost seinen Anteil an der Schaffung der Rasenhügel. Die so genannten Tufure (93, 94); entstehen bei ungleichmäßigem Gefrieren und Auftauen des Bodens in der Regelationszeit. Die Pflanzendecke wirkt wie eine Wärmedämmung auf die Oberschichten, die daher nicht gefrieren, während der Frostboden darunter im Kuppeninneren an Volumen zunimmt und nach oben drückt. In den mitteleuropäischen Gebirgen sind die meisten Tufure im kühlen Klima der Zwischen- und Nacheiszeit entstanden, doch haben eingehende Messungen gezeigt, dass sie sich in geringerem Umfang auch noch unter den heutigen Klimabedingungen bilden. In den Gebirgen des Nordens ist die Bildung mächtiger Tufure eine bis heute gängige Erscheinung, wie die Aufnahme des Berghangs aus dem schwedischen Nationalpark Abisko zeigt.

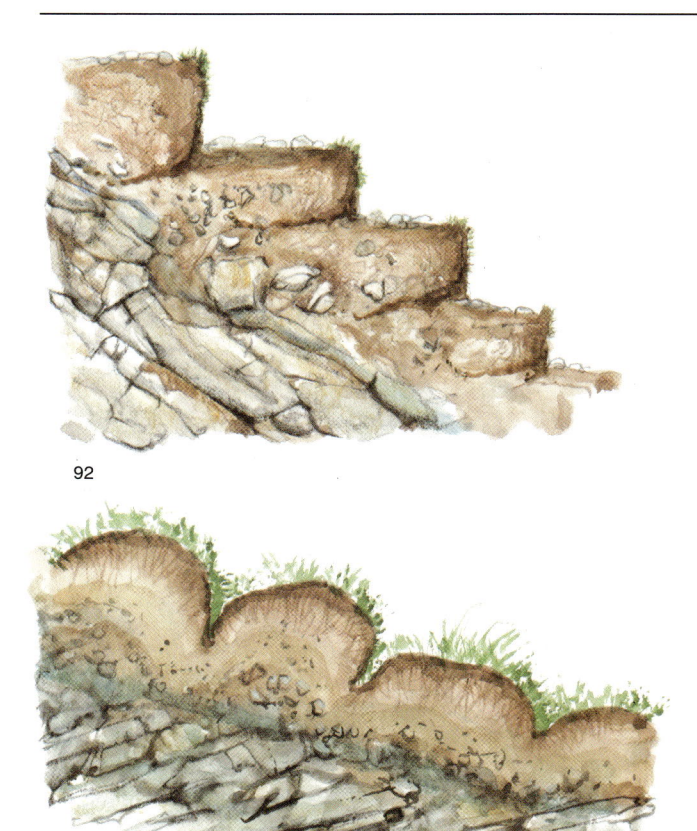

anwehung gebildet und in der Folge eine bemerkenswert bunte Flora entwickelt hat.

Ähnlich unterstützt auch die Schneedecke die Düngung, denn in ihr setzt sich im Lauf des Winters eine beträchtliche Menge an Staub, organischen und mineralischen Schmutzteilchen ab, die die Pflanzen beim Abtauen der Schneedecke teils sofort, teils nach der Anlagerung im Boden zu verwerten wissen. Lawinen und Kriechschnee verhindern, dass der Wald von den Bergwiesen Besitz ergreift. An der Zusammensetzung mancher Alpenwiesen lässt sich auch der Einfluss der Solifluktion, des so genannten Erd- oder Bodenfließens, der Winderosion (Deflation) oder mächtiger Erdlawinen ablesen. Die reißen zwar bei ihrem Abgang alles mit, was ihnen im Weg steht, legen zugleich aber auch die Mineralschichten des Bodens bloß und starten so einen neuen Prozess der Verwitterung, Freisetzung von Nährstoffen aus Mineralien, Besiedlung und Schließung der Pflanzendecke, dessen Resultat wieder aus bunten Alpenwiesen besteht.

Blühende Bergwiesen bieten auch zahlreichen Pflanzenfressern einen reich gedeckten Tisch, z.B. dem Steinbock (95) oder dem Chinchilla (96), das die kalten Hochgebirgszonen der Anden bewohnt. Sie sind aber auch für viele Käfer, Schmetterlinge oder Hautflügelinsekten eine üppige Weide. Ihre großen, farbenprächtigen und oft intensiv duftenden Blüten enthalten reichlich Nektar und verschiedene Blütensäfte mit höherem Zuckergehalt als die Tieflandpflanzen, was ihnen eine größere Frosthärte verleiht. Deshalb findet man dort häufig schmausende Birnenschwebfliegen (98), Scheckenfalter (99), Pinselkäfer

95

96

97

98

99

100

101

(100) und viele andere. Die meisten Kuh- und Küchenschellen gehören zu den Windbestäubern; das gilt auch für die Alpenpflanzen, von denen in den europäischen Gebirgen neben der Weißen Kuhschelle auch die Alpen-Kuhschelle (97) und die Frühlings-Kuhschelle (101) zu finden ist. Starker Wind und große Kühle schränken die Zahl der Bestäuberinsekten ein, sodass mit zunehmender Höhe ü.d.M. auch der Anteil der Windbestäuber zunimmt: Auf den Berggipfeln bleibt nur noch der Wind als Bestäuber.

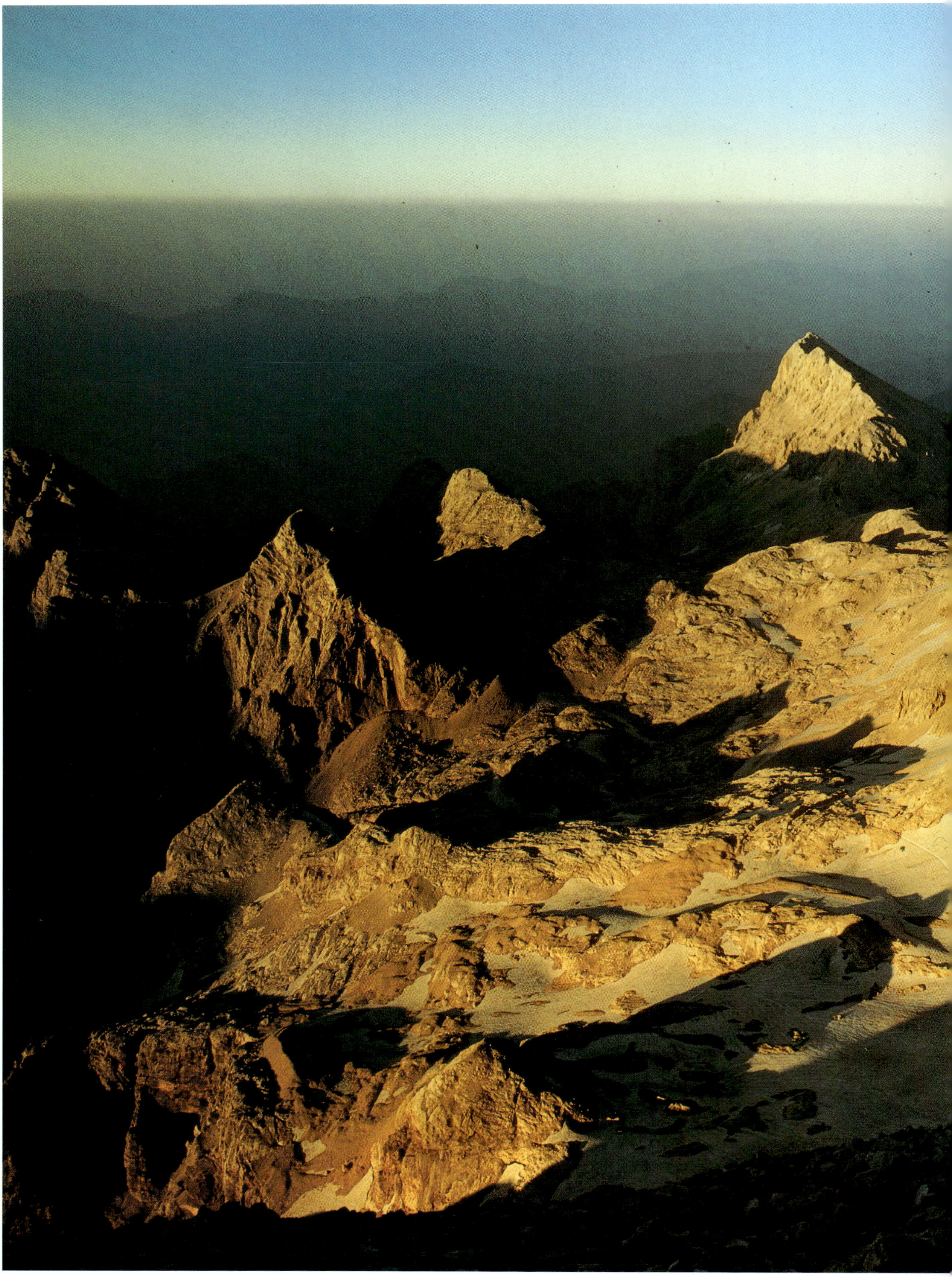

Auf Fels und Geröll

Die Felswände der Gipfelregion werden vom Regen gepeitscht, von der Sonne ausgedorrt und vom Eis zersprengt, und trotzdem – oder gerade darum – erscheinen auf ihrer zerklüfteten, zerschundenen und spaltendurchsetzten Oberfläche die schönsten Alpenpflanzen, die man sich überhaupt vorstellen kann. Die Pionierarbeit leisten die Flechten und Moose, dann kommt es auf die kleinen Krautpflanzen an, deren Samen von Wind, Wasser oder Schneelawinen hierher gebracht wurden. Wie finden sie sich mit den klirrenden Frösten, der knappen Bodenkrume in den Felsspalten und den ausdorrenden Winden zurecht? Die dichten Polster, Kissen und zierlichen Blattrosetten, fest an die Felsoberfläche geschmiegt und mit einem Wurzelgewirr in winzigen Spalten hoch über dem Abgrund verankert, zeugen nicht gerade von bequemer Existenz, und doch gedeihen diese Kolonisten hier offensichtlich gut. Ein Beweis dafür ist die alljährliche Blütenflut. Und wenn dann eines Tages der Fels in die Tiefe stürzt und am Fuß der Wand in Trümmer, Brocken und Geröll zerschellt, bleibt er nicht lange öde und verwaist; andere Lebewesen finden darauf ihren vorläufigen Lebensraum. Nicht einmal Tiere meiden solche Orte und haben sich daran gewöhnt, ihr ganzes Leben über dem Abgrund zu verbringen.

102 Der Hochgebirgskarst aus Kalkstein und Dolomit in den Julischen Alpen – Blick vom Triglav (2864 m ü.d.M.), dem höchsten Gipfel Sloweniens. Der Aas fressende Adlergeier segelt in den Aufwinden über den Gipfeln der europäischen und asiatischen Hochgebirge (103).

1 **Späte Faltenlilie** (*Lloydia serotina*), 2 *Ramonda myconi*, 3 **Physoplexis comosa**, 4 **Netzweide** (*Salix reticulata*), 5 **Alpen-Leinkraut** (*Linaria alpina*), 6 **Herzblättrige Kugelblume** (*Globularia cordifolia*), 7 **Knöllchenknöterich** (*Polygonum viviparum*), 8 **Hausrotschwanz** (*Phoenicurus ochruros*), 9 **Alpenfettkraut** (*Pinguicula alpina*), 10 **Gelbes Bergveilchen** (*Viola biflora*), 11 **Roter Paar-Steinbrech** (*Saxifraga oppositifolia*), 12 **Achtblättrige Silberwurz** (*Dryas octopetala*), 13 **Nabelflechte** (*Umbilicaria*), 14 **Alpenaster** (*Aster alpinus*), 15 **Becherglocke** (*Edraianthus graminifolius*), 16 **Bursers Steinbrech** (*Saxifraga burseriana*), 17 **Becherflechte** (*Cladonia*), 18 **Hundsflechte** (*Peltigera*), 19 **Zackenmütze** (*Rhacomitrium canescens*), 20 **Blattkäfer** (*Chrysomela*), 21 **Moschus-Steinbrech** (*Saxifraga moschata*), 22 **Immergrünes Hungerblümchen** (*Draba aizoides*), 23 **Stängelloses Leinkraut** (*Silene*

acaulis), 24 **Waldeidechse** (*Lacerta vivipara*), 25 **Fetthennen Steinbrech** (*Saxifraga aizoides*), 26 **Merlin** (*Falco columbarius*), 27 **Steinbock** (*Capra ibex*), 28 **Turmfalke** (*Falco tinunculus*) mit **Birkenmaus** (*Sicista betulina*), 29 **Gams** (*Rupicapra rupicapra*), 30 **Wasserpieper** (*Anthus spinoletta*), 31 **Steinbrech** (*Saxifraga porophylla*), 32 **Alpen-Kuhschelle** (*Pulsatilla alba*), 33 **Frauenmantel** (*Alchemilla alpina*), 34 **Frühlings-Küchenschelle** (*Pulsatilla vernalis*), 35 **Glänzendes** o. **Dolomiten-Fingerkraut** (*Potentilla nitida*), 36 **Alpen-Gemskresse** (*Hutchinsia alpina*), 37 **Alpen-Frauenmantel** (*Alchemilla alpina*), 38 **Hermelin** (*Mustela erminea*), 39 **Pyrenäen-Hungerblümchen** (*Draba pyreneica*), 40 **Bursers Alpenmohn** (*Papaver burseri*), 41 **Schweizer Mannsschild** (*Androsace helvetica*), 42 **Alpenkrähe** (*Pyrrhocorax pyrrhocorax*), 43 **Alpendohle** (*Pyrrhocorax graculus*), 44 **Zwerg-Himmelsherold** (*Erytrichium nanum*), 45 **Apollofalter** (*Parnassius apollo*), 46 **Steinschmätzer** (*Oenanthe oenanthe*), 47 **Edelweiß** (*Leontopodium alpinum*), 48 **Felsen-Ehrenpreis** (*Veronica fruticans*), 49 **Nabelflechte** (*Umbilicaria*), 50 **Clusius-Enzian** (*Gentiana clusii*), 51 **Stängelloser Enzian** (*Gentiana acaulis*), 52 **Alpen-Wucherblume** (*Chrysanthemum alpinum*), 53 **Alpen-Habichtskraut** (*Hieracium alpinum*), 54 **Weißrand-Schlüsselblume** (*Primula marginata*), 55 **Zwergprimel** (*Primula minima*), 56 **Alpenaurikel** (*Primula auricula*), 57 **Kleine Glockenblume** (*Campanula cochleariifolia*), 58 **Spinnweben-Hauswurz** (*Sempervivum arachnoideum*), 59 **Fetthenne** o. **Mauerpfeffer** (*Sedum atratum*), 60 **Rosenwurz** (*Rhodiola rosea*), 61 **Steinrötel** (*Monticola saxatilis*), 62 **Mauerläufer** (*Tichodroma muraria*), 63 **Langblättriger Steinbrech** (*Saxifraga longifolia*), 64 **Alpenbraunelle** (*Prunella collaris*), 65 **Steinadler** (*Aquila chrysaetos*)

Verwandlungen der Felswand

Jedes Bergmassiv und seine Felswände sind seit dem Zeitpunkt ihrer Entstehung vor vielen Millionen Jahren der stetigen Einwirkung aller in den Gebirgen auftretenden physikalischen Kräfte ausgesetzt: intensiver Sonneneinstrahlung, Regentropfen, Eiskristallen, stürmischen Winden, Frost und Glut. Die Felsoberfläche verwittert auch chemisch bei Kontakt mit Wasser, Sauerstoff und Kohlendioxid. Nicht einmal die härtesten Gesteine widerstehen diesen Angriffen auf Dauer und je nach ihrer Struktur, Dichte oder Schichtung verlieren sie allmählich ihre Kohärenz, zerspringen und -bröckeln. In die Felsspalten dringt Wasser ein, das dann zu Eiskeilen gefroren auch mit der härtesten Felswand fertig wird. So wandelt die Oberfläche der Felsmassive langsam ihre Gestalt.

Erste Pioniere

Die ersten Kolonisten – Bakterien und mikroskopische Pilze – machen sich an die Erkundung. Auf den so gut wie nackten Felsen an den höchsten und kältesten Punkten unserer Erde bleiben sie die einzigen Dauergäste. Schon ein paar hundert Meter tiefer gelingt es bereits Sporen und Schimmelfasern, Pilzen und Algen auf der angewitterten Felsoberfläche Fuß zu fassen. So führt die Natur eines ihrer Wunder vor: Durch die Verbindung zweier gänzlich unterschiedlicher Organismen, von Pilzen und Algen, entsteht ein dritter – die Flechte. Das Zusammenleben von Pilzen und Algen ist beiderseits

105 In der Flechtengesellschaft auf der Fels- und Schuttoberfläche fehlen nur selten Landkartenflechten (a), Krustenflechten (b), Nabelflechten (c), Felsschüsselflechten (d), Mannaflechten (e), Caloplaca (f), Bartflechten (g) oder Ramalina (h).

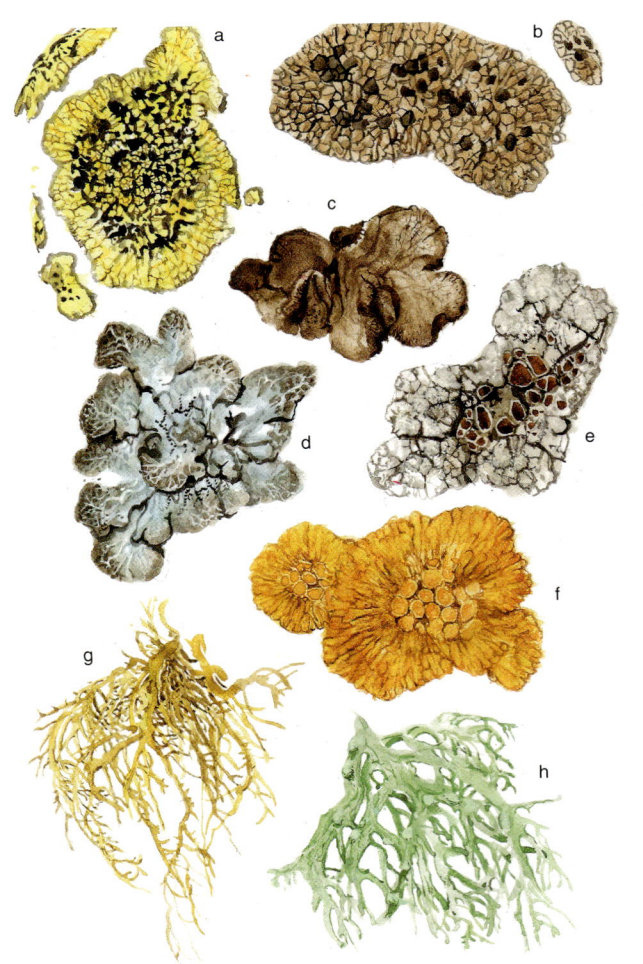

Felsen und Schutt verleihen der Hochgebirgslandschaft ihren typischen Charakter. Die graue bis braune Färbung der Schuttformationen im Terskol-Tal auf den Hängen des kaukasischen Elbrus (106) verrät Gesteine vulkanischen Ursprungs – im Gegensatz zum helleren Kalksteinschutt im Triglav-Seetal (107).

vorteilhaft, also eine Symbiose. Die Pilzfasern greifen die Gesteinsoberfläche chemisch an und liefern der Grünalge wichtige wassergelöste Mineralstoffe. Bei der Photosynthese speichert die Alge in ihren Zellen energiereiche organische Stoffe, die auch der Pilz teilweise zu seinem Wachstum braucht. So entstehen auf der Felsoberfläche eigenwillige artenreiche und farbenfrohe Flechtengärtchen.

Dabei kommt es auf die Gesteinsart, die Höhe über dem Meeresspiegel, die Neigung und Lage zur Himmelsrichtung an, welche Flechtenarten sich ansiedeln. Direkt auf, teilweise auch unter der Felsoberfläche wachsen Schüsselflechten mit kleinen, kugeligen Fruchtkörpern. In den Bergen wächst häufig die Landkartenflechte, die auf Silikatgesteinen olivgrüne Krusten mit schwarzen Konturen schafft, die an Landkarten erinnern. Auf der Felsoberfläche halten sich die dunklen, blättrigen Nabelflechten fest und die graugrünen Schüsselflechten. Auf Kalkfelsen stechen schon von weitem die leuchtend orangeroten Krusten von Flechten aus der Gattung Caloplaca ins Auge. Bemerkenswerte Gesellschaften aus nitrophilen Flechtenarten bedecken Felsgipfel und aufragende Blöcke, auf denen sich Vögel mit Vorliebe niederlassen und mit ihrem Kot für eine Düngung der Felsoberfläche sorgen. Auch die dunklen Streifen auf den lotrechten Wänden und Überhängen von Kalksteinfelsen sind nichts anderes als Krusten aus blaugrünen faserigen Algen, den Blaualgen, die an Stellen wachsen, über die regelmäßig Regen- oder Schmelzwasser herunterfließt, das die Felsoberfläche feucht hält.

Flechten vertragen die extremen Bedingungen auf den kahlen Felswänden. Ihre Körper sind sowohl an die hohen Temperaturen der Felsoberfläche in der Sommersonne als auch an den strengen Frost der Wintermonate angepasst, da ihre ausgetrockneten Thallen frostfest sind. Das Temperaturoptimum für Flechten liegt zwischen 0 bis -10 °C. Sie sind also wahre Pioniere auf dem Vormarsch der Pflanzen zu den Gipfeln.

107

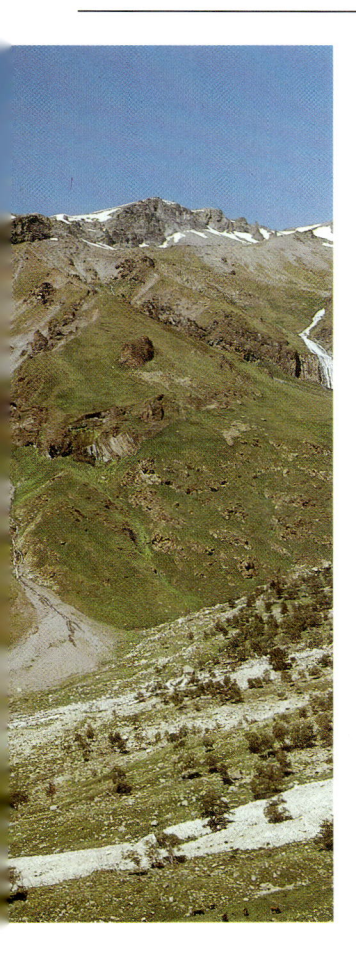

Blühender Fels

Der Wind lagert die Reste abgestorbener Flechtenkörper, mikroskopische Gesteinsteilchen und Staub in den verschiedensten Spalten und Rissen ab; so entsteht auf der Felswand die erste hauchdünne Bodenschicht. Auf ihr setzen sich Moose fest, dann ist es nur noch eine Frage der Zeit, wann Wasser oder Wind den ersten Kraut- oder Gehölzsamen herbeischaffen. In den Spalten leben auf den abgestorbenen Resten zahlreiche Tiere, z.B. Insektenlarven, Würmer, Asseln, Bärchentiere, Horn- und andere Milben, die mit ihren Ausscheidungen den Boden düngen. Die Pflanzenwurzeln dringen tief in die Spalten vor und nehmen mit ihrem Druck und den Wurzelabsonderungen den ungleichen Kampf mit dem Fels auf. Wasser gerät in die Spalten, es gefriert, und die so entstandenen Keile sprengen den kompakten Fels auf. Mit der Zeit entwickelt sich auf der schrundigen und spaltigen Felsoberfläche eine farbenfrohe Ansammlung von Hochgebirgspflanzen. Deren Vertreter unterscheiden sich je nachdem, ob es sich um ein Granit- oder Kalksteingebirge, eine warme Süd- oder eine nasskalte Nordwand handelt. In der Hauptsache sind es verschiedene Arten von Steinbrech, Primeln, Leimkraut, Mannsschild, Fingerkraut, Dachwurz, Fetthenne, Hungerblümchen, Glockenblumen, Alpenlilien, Kugelblumen und daneben einige Farngewächse.

108 **Spuren von längst vergangenem Leben** kann man sogar noch unter den Gipfeln der Achttausender im Himalaja finden, in den Wänden der Südalpen sowie in anderen Gebirgen, die aus Gesteinssedimenten entstanden sind (Kalkstein, Dolomit, Kalkschiefer, Sandsteine). Leere Gehäuse von Wirbellosen, z.B. Nummuliten (a), Muscheln und Kopffüßern (Gatt. *Pecten*, b), Ammoniten (Gatt. *Lytoceras*, c), Seelilien (Gatt. *Dimerocrinites*, d), und seltener Überreste verschiedener Wirbeltiere, vor allem von Fischen (Gatt. *Birgeria*, e) und anderen Bewohnern der Urmeere wurden vor Jahrmillionen in den mächtigen Schichtungen auf dem Grund abgelagert. Erst in der känozoischen Faltung wurden diese Ablagerungen hoch über den Meeresspiegel gehoben. Tierfunde machen es möglich, Ursprung, Alter und Tektonik der Gebirgsbildung zu bestimmen.

Ein hartes Leben

An der Pracht einer blütenübersäten Felswand kann man kaum ablesen, welch widrigen Lebensbedingungen die Pflanzen hier standhalten müssen. Intensive Sonneneinstrahlung, die überhitzte Felswand und dazu ein ständiger Wind sorgen für eine hohe Verdunstung der Körperflüssigkeit, besonders im Frühjahr, wenn die Spalten noch gefroren sind und die Wurzeln diesen Flüssigkeitsverlust nicht ausgleichen können. Dem haben sich die Pflanzen in den Felsritzen angepasst. Ihre Blätter haben eine harte Sukkulentenstrukur, oft sitzen die Spaltöffnungen auf Ober- und Unterseite, wodurch sie die Wasserabgabe wirksam regeln können. Die Blattoberseite hat eine härtere Haut mit einer Wachsschicht oder inkrustiertem Kalziumkarbonat (viele Steinbrecharten). Die Pflanzen sind auf der Oberseite beflaumt bis wollhaarig (Edelweiß, Alpenscharte) und bilden Horste, Kissen, Wülste und Polster, deren dichte Struktur Temperatur und Feuchte viel günstiger bewahrt sowie die verwesenden Blatt- und Wurzelreste zurückhält, was zur Bodenbildung beiträgt. In den tropischen Hochgebirgen auf der Südhalbkugel (Anden, Mount Kenya, Tasmanien), wo starke Winde herrschen und die Temperaturunterschiede zwischen Tag und Nacht viel größer sind als in den Bergen der Nordhalbkugel, kommen polsterwüchsige Pflanzen von außergewöhnlicher Größe vor.

Auf den Felswänden gibt es kaum Raumkonkurrenz, die gegenseitige Isolierung der einzelnen Populationen macht sich in zahlreichen endemischen Arten bemerkbar. Von den rund 400 Alpenendemiten wachsen fast 40 % auf Fels und Geröll.

109 **Der Flechtenkörper** ist das Produkt der Symbiose zwischen Alge und Pilz. Im Querschnitt durch den Thallus sieht man unter der Oberrinde (a) die Gonidienschicht, in der Grünalgen (b) überwiegen. Erst darunter liegt eine Schicht aus Pilzfasern (c), die auch die Unterwand bilden und in die Haltefäden (d) übergehen, mit denen sich die Flechte auf der Unterlage verankert. Zur Pilzfortpflanzung entstehen auf der Flechtenoberfläche die verschiedensten Fruchtkörperchen (e) mit den Sporen. Die Sporen keimen im Myzel und bei der Begegnung mit einer frei wachsenden Alge kommt ein neuer Flechtenthallus (f) zustande. Viel häufiger ist bei den Flechten aber die ungeschlechtliche Vermehrung. Aus Thallusbruchstücken wächst eine neue Pflanze heran, oder der Flechtenkörper bildet ein Knäuel aus Einzelleralgen, dicht umsponnen von Pilzfasern, so genannten Soredien (g), in denen neue Exemplare heranwachsen.

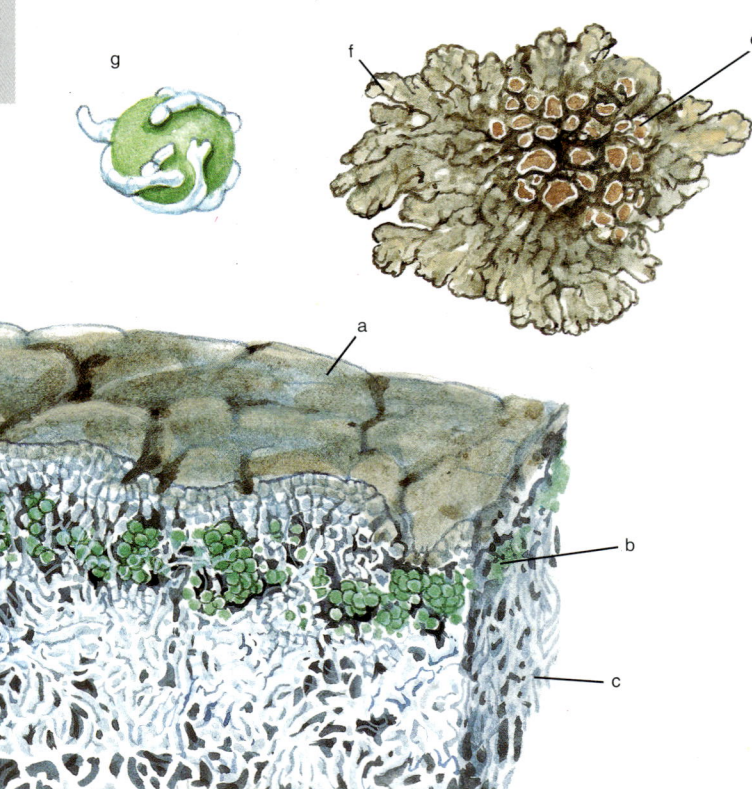

Ein beweglicher Lebensraum

Sonne, Frost, chemische Verwitterung, Wasser und Wind Hand in Hand mit lebenden Organismen greifen auch bei den widerstandsfähigsten Felsen die Oberfläche an. Losgelöste Felstrümmer stürzen zu Tal, und auf dem Hang am Fuß der Felswand sammeln sich Schuttkegel und Geröllfelder. Härtere Silikatgesteine zerfallen zu grobem Bruch und der entstehende Schutt hat eher die Gestalt grober Steinfelder. Karbonatgesteine hingegen sind meist geschichtet und weniger fest, sodass sie leichter verwittern und feinere, nach Größe, Gewicht und Form sortierte Schutte bilden. Die Freiräume im Schutt werden von Bodenkrume aufgefüllt, die zusammen mit Pflanzensamen von Wind, Regen, Wasser und Lawinen antransportiert wird, sodass sich die Schuttfläche allmählich mit einer Grünschicht bedeckt.

Die Pflanzen dort müssen mit ähnlich harten Bedingungen fertig werden wie an den Felswänden, außerdem ist der Schutt kein unbeweglicher Lebensraum. Aus diesem Grund ist bei seinen pflanzlichen Bewohnern das Wurzelsystem gut ausgebildet und angepasst. Eine kräftige Pfahlwurzel und ein dichtes Haarwurzelnetz, die dem Hang entgegenwachsen, festigen den beweglichen Untergrund wie eine Armierung, doch der unablässige Steinschlag von der Felswand beschädigt die Pflanzen auf dem Geröllfeld immer wieder. Deshalb haben die meisten von ihnen eine hervorragende Regenerationsfähigkeit, sie wurzeln leicht und treiben schnell neue Sprosse. Verschüttete Stängel, Stämmchen oder Wurzeln wachsen immer wieder durch den Schutt zum Tageslicht, während ältere, absterbende Pflanzenteile

Sonne, Wasser, Frost und Wind greifen unermüdlich die Felsoberfläche an und machen es möglich, dass diese von einer sehr zähen Gesellschaft von Lebewesen bevölkert wird, die dieses Zerstörungswerk fortsetzen (110). Andererseits sorgen Pflanzen für die Festigung von Gesteinsschutt und verhindern so dessen Abrutschen. In den Julischen Alpen kommen dabei Alpengrasnelke (111) oder die endemische Rätische Mohn (112) zum Zuge. In den Hochgebirgsabschnitten aus Kalkgestein zerfrisst das Wasser chemisch und mechanisch die Felsoberfläche und lässt hier bizarre Gebilde, die so genannten Schratten entstehen (113).

unter der Oberfläche zur Humusbildung im Geröllboden beitragen. Zu den häufigsten Kolonisten gehören die Achtblättrige Silberwurz, eine Reihe von spalierwüchsigen Strauchweiden (Quendel-, Netz-, Stumpfblatt-, Alpen-, Kitaibele-Weide) Alpenbärentraube, Täschelkraut, Nelkenwurz, Großer Sauerampfer, Stängelloses Leimkraut sowie viele Glockenblumen-, Mohn-, Steinbrech-, Läusekraut-, Seggen- und Blaugrasarten.

Das ganze Leben über dem Abgrund

Weder Steilhänge noch karges Futterangebot stellen ein Hindernis für die eigenwillige Fauna der Felsen und Geröllfelder dar. In den meisten Gebirgen der Welt trifft man gerade in dieser Zone die verschiedensten Paarhufer an, z. B. Gämsen, Steinböcke, Schafe und Lamas. Sie bewegen sich erstaunlich sicher auf Steilhängen und in Fels-

114

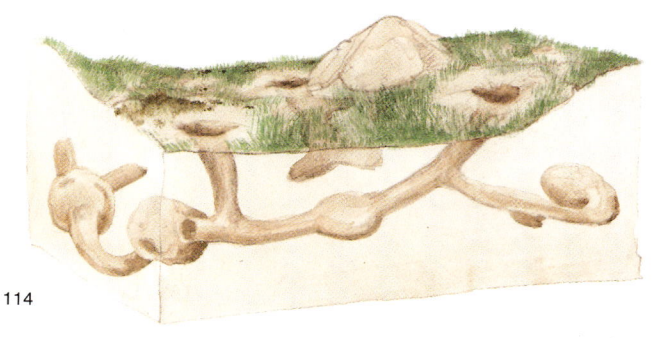

wänden, und sind an die Bedingungen in extremen Höhenlagen angepasst: durch mehr rote Blutkörperchen, ein dichteres Fell und zusätzliche Wärme regulierende Prozesse in ihren Körpern. Im Winter genügen ihnen zum Überleben immergrüne Gräser und Flechten an freigewehten Stellen, doch kommen manche auf der Nahrungssuche auch in tiefere Lagen herunter. Andere Tiere aus dieser Region, die Nager, überstehen den Winter entweder im Schlaf, wie z.B. die Murmeltiere, oder bleiben auch unter dem Schnee aktiv und zehren von den Vorräten in ihren Bauten (z.B. Waldwühlmäuse, Lemminge, Wühlmäuse oder die nagetierähnlichen Pfeifhasen aus der Ordnung der Hasentiere).

Die farbenfrohe Schuttflora lockt Insekten auch in diese Höhe. Blatt-, Bock- und Laufkäfer, vor allem aber Schmetterlinge sind hier in der Vegetationszeit häufige Gäste. Den Winter verbringen sie weiter unten im Wald oder Gebüsch. Als Wahrzeichen der sonnengewärmten Kalksteingeröllfelder in den Bergen gilt der Apollofalter, unter den Pflanzen kommt dem Edelweiß diese Bedeutung zu. Ihre Pracht hat diese Wesen zum Symbol der Gebirgsnatur gemacht, doch die Sammelleidenschaft der Bergtouristen hat sie mittlerweile fast zum Aussterben gebracht.

115

114 Murmeltierkolonien besiedeln mit Vorliebe zugewachsene Schuttfelder und Alpenmatten, wo sie reichlich Nahrung, sicheren Unterschlupf und Platz für die Anlage ihrer unterirdischen Bauten finden. Es fällt ihnen nicht schwer, auch in steinigem Gelände ein 10-20 m langes kompliziertes Ganglabyrinth zu graben, mit Nist- und Abfallkesseln und einem System von mehreren Ein- und Ausgängen. Murmeltiere (115) und andere Nager wie Pfeifhasen, Waldwühlmäuse oder in den Anden Chinchillas und das verwandte Viscacha zerstören mit ihrem intensiven Graben die zusammenhängende Grasnarbe, fördern die Erosion und tragen so bedeutsam zur Vielfalt der Vegetationsmosaiks auf der alpinen Höhenstufe bei.

116

116 Rosetten und Polster sind typisch für die Gattung Steinbrech, deren rund 400 Arten vorwiegend in den Gebirgen der Nordhalbkugel und in den südamerikanischen Anden wachsen. Auch der lateinische Name *Saxifraga* (*saxum* = Fels, *frangere* = brechen) drückt die Vorliebe dieser herrlichen Pflanzen für die Besiedlung von Felswänden und Schutt aus. An den verschiedensten Orten der Kristall- und Kalkalpen sowie in den Pyrenäen wachsen *Saxifraga florulenta* (a), *S. porophylla* (b), *S. aretioides* (c), *S. burseriana* (d), *S. biflora* (e) oder *S. moschata* (f). Ausschließlich auf den Schuttflächen der Westkarpaten wächst der endemische Karpaten-Rittersporn (117).

117

58

118

119

120

121

122

123

124

Eine bunt zusammengewürfelte Gesellschaft besiedelt die Steilhänge und Schuttfelder der Hochgebirge. Während die Gams (119) unangefochten der europäische Klettermaxe Nr. 1 ist, nimmt in den Rocky Mountains die Schneeziege (118) und im Himalaja die Schraubenziege (123) diesen Platz ein. Im Felsgelände lebt auch die größte amerikanische Raubkatze, der Puma (121), der in der Lage ist, auf der Nahrungssuche täglich Entfernungen bis zu 80 km zurückzulegen. Er reißt Bergschafe, Lamas, Hirschwild und kleine Nager, verschmäht aber auch Aas nicht. Aas überwiegt ganz klar auf dem Speisezettel des Pyrenäen-Gänsegeiers (124). Ein treuer Bewohner der europäischen Kalkstein- und Dolomitgebirge ist die Alpenaurikel (120), deren Blüten von verschiedenen Hummeln emsig besucht und bestäubt werden. Für den Apollofalter (122) sind die Horste von Fetthenne, Rosenwurz oder Hauswurz, auf denen sich auch seine Nachkommenschaft entwickelt, viel verlockender.

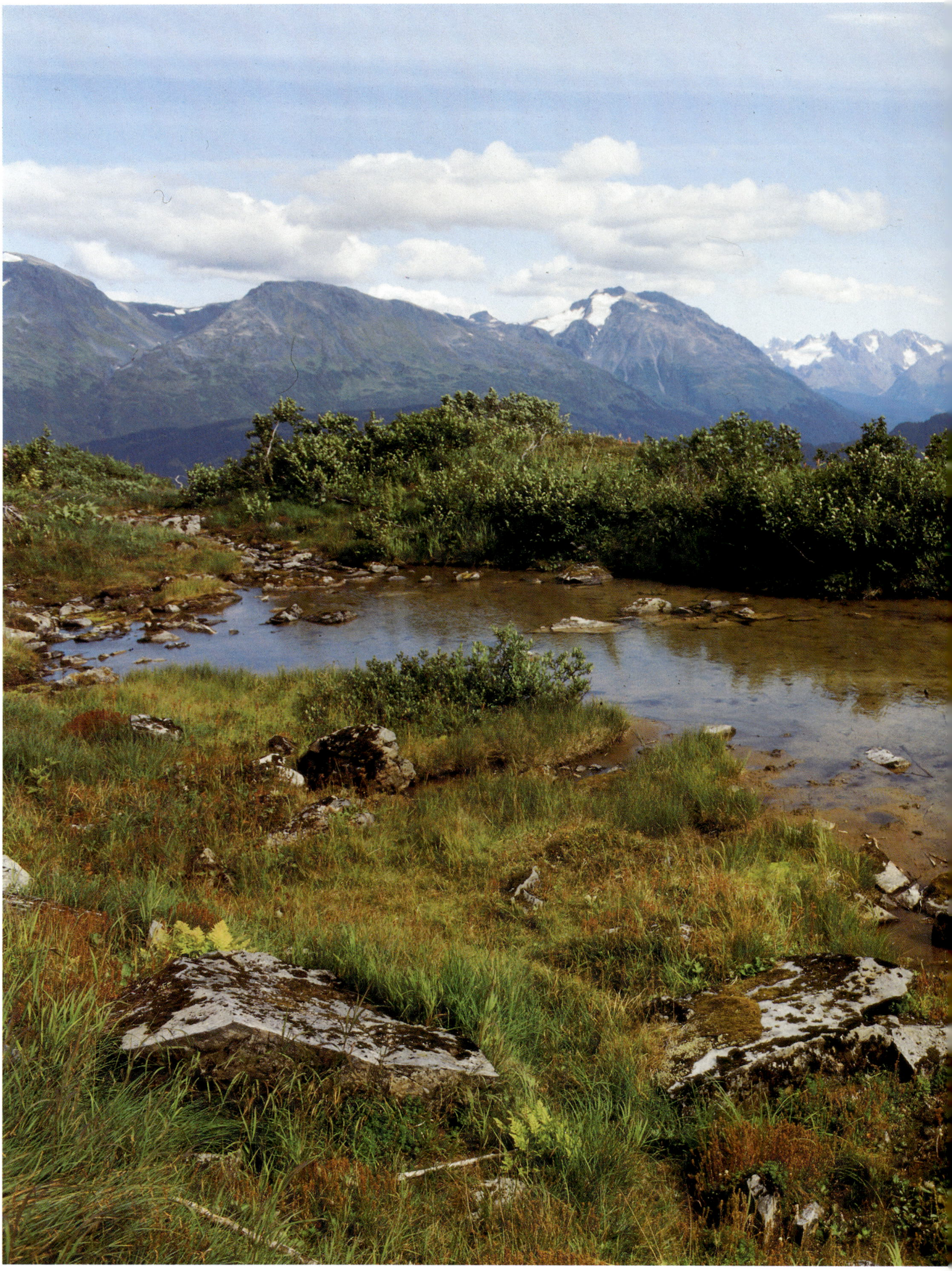

An den Quellen der Flüsse

Die lange Wanderung des Wassers nimmt ihren Anfang stets hoch oben in den Gebirgen, auf deren Felsen große Niederschlagsmengen in Form von Regen und Schnee niedergehen. Durch die zerklüftete Felsoberfläche sickert das Wasser ins Erdinnere, um weiter unterhalb der Gipfel wieder ans Tageslicht zu treten und der ewig durstigen Pflanzenwelt lebensspendende Feuchte zu schenken. Kühles Quellwasser hat ganz besondere Eigenschaften und diesen haben sich auch die eigenwilligen Gesellschaften aus Pflanzen und Tieren, die sich in der Umgebung der Quellgründe niedergelassen haben, angepasst. Nach einem genauen Plan, vorgegeben durch Temperatur, Sauerstoff- und Nährstoffgehalt haben sie die Quellengründe besiedelt. Von den sattgrünen Teppichen aus Laub- und Lebermoosen bis hin zu den in üppigen Farben prangenden Alpenmatten, die selbst Nahrung in Hülle und Fülle bieten, hat sich an Quellen und Bächen eine artenreiche Gesellschaft eingefunden.

125 Die üppige Wasser liebende Flora an den Bergquellen bietet auch so mancher Amphibie einen guten Unterschlupf, vor allem dem Grasfrosch (126). In der Paarungszeit suchen die Frösche aber stehende Gewässer in tieferen Lagen auf.

1 **Alpenbraunelle** (*Prunella collaris*), 2 **Eintagsfliege** (*Ameletus inopinatus*), 3 **Plumpschrecke** (*Isophya pyrenaea*), 4 **Erlenblatt-Weidenröschen** (*Epilobium alsinifolium*), 5 **Alpen-Schnittlauch** (*Allium sibiricum*), 6 **Sumpfmaus** (*Microtus agrestis*), 7 **Fetthennen-Steinbrech** (*Saxifraga aizoides*), 8 **Sumpf-Knabenkraut** (*Dactylorhiza fuchsii* subsp. *psychrophila*), 9 **Hoher Rittersporn** (*Delphinium elatum*), 10 **Sumpfenzian** (*Swertia perennis*), 11 **Zweiblütiges Veilchen** (*Viola biflora*), 12 **Wimpernfarn** (*Selaginella selaginoides*), 13 **Sumpf-Herzblatt** (*Parnassia palustris*), 14 **Alpenhelm** (*Bartsia alpina*), 15 **Kleine Simsenlilie** (*Tofieldia pusilla*), 16 **Grasfrosch** (*Rana temporaria*), 17 **Erdkröte** (*Bufo bufo*), 18 **Rundblättriger Sonnentau** (*Drosera rotundifolia*), 19 *Anisothecium squarosum*, 20 **Kamm-Spaltzahnmoos** (*Fissidens cristatus*), 21 **Quellmoos** (*Philonotis seriata*), 22 **Gemeines Quellmoos** (*Philonotis fontana*), 23 **Wechselblättriges Milzkraut** (*Chrysosplenium alternifolium*), 24 **Quirlblättriges Läusekraut** (*Pedicularia verticillata*), 25 **Stern-Steinbrech** (*Saxifraga stellaris*), 26 **Sumpfmiere** (*Stellaria uliginosa*), 27 **Zwergmaus** (*Sorex minutus*), 28 **Wasserpieper** (*Anthus spinoletta*), 29 **Grüner Milz-** o. **Streifenfarn** (*Asplenium viride*), 30 **Alpenfettkraut** (*Pinguicula alpina*), 31 **Alpen-Hahnenfuß** (*Ranunculus alpestris*), 32 **Jacquin-Pippau** (*Crepis jacquinii*), 33 **Zwergprimel** (*Primula minima*)

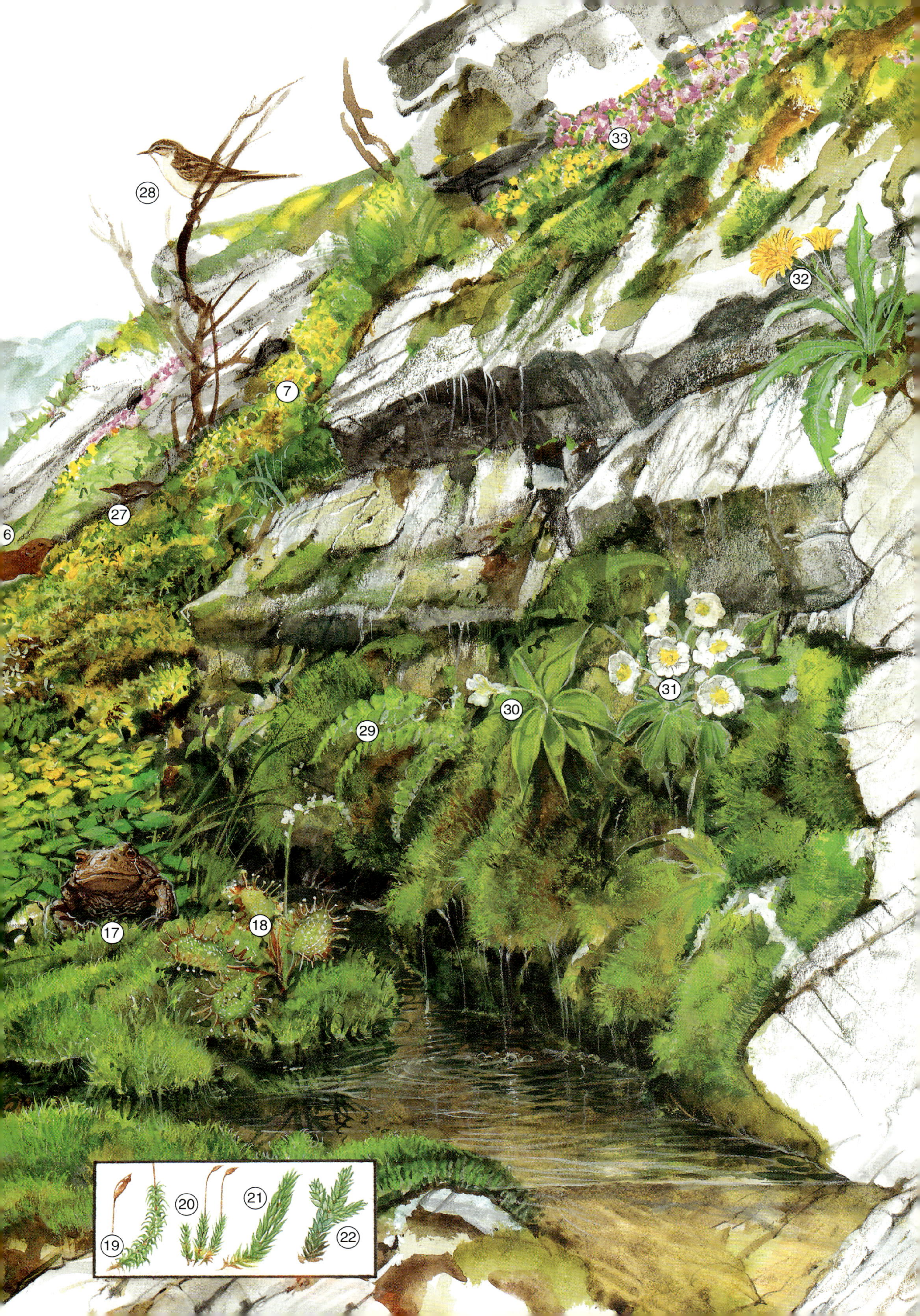

28
33
32
7
27
6
29
30
31
17
18
19
20
21
22

Der Weg des Wassers

Wasser gilt als die Essenz allen Lebens auf der Erde. Die größten erreichbaren Wasservorräte, etwa 97 %, befinden sich in den Ozeanen, der Rest in den Eispanzern, Gletschern, Flüssen und Seen. Die Sonnenenergie lässt Wasser auf der Oberfläche der Ozeane verdunsten, Luftströmungen und Winde treiben die Wasserdämpfe über das Festland. Die Treibkraft für den gesamten Wasserkreislauf einer Landschaft sind die Luftströmungen. Da sich nun die Gebirgsmassive diesen Luftströmungen als beträchtliche Hindernisse in den Weg stellen, kommt es beim Aufstieg der Luftmassen in größere Höhen zu deren Abkühlung und somit zur Kondensation. Das Wasser aus der Atmosphäre fängt sich an den Berghängen und fällt als Regen oder Schnee auf die Erdoberfläche herunter. In den europäischen Hochgebirgen sind das bis zu 2000 mm pro Jahr, auf den Hängen der tropischen Bergriesen kann die Menge dreimal größer sein. Ein beträchtlicher Teil der Niederschläge verdunstet noch vor dem Erreichen der Erdoberfläche und ein Teil bleibt auf der Pflanzendecke liegen. Das restliche Niederschlagswasser fließt teils auf der Oberfläche in die Wasserläufe ab, der größere Teil sickert jedoch bis auf die Gesteinsunterlage in den Boden ein. Wenn das Wasser wieder aus dem Boden austritt, speist es Bäche und Flüsse. Ehe dann das Niederschlagswasser auf seinem bekannten Kreislauf wieder in die Weltmeere gelangt, nimmt es Einfluss auf alles Lebende und Leblose auf der Erdoberfläche.

Quellen und Moraste

In den Bergen dringt Niederschlags- und Tauwasser in die Spalten und Hohlräume der Felsmassive ein, um an anderer Stelle – je nach Gesteinsschichtung (133) – wieder hervorzuquellen. Manchmal bildet sich ein Tümpel, aus dem das Wasser erst bei Überlaufen als Quellbach abfließt (sog. Tümpelquellen o. Limnokrenen). In den Bergen rinnt das Wasser meist direkt aus dem Fels, und zwar dort, wo es von einer undurchlässigen Unterschicht an die Oberfläche geleitet wird. Unmittelbar am Austritt läuft es im Quellbach ab (sog. Sturzquellen o. Rheokrenen). Vielfach steigt es auch großflächig zur Oberfläche auf, an solchen Stellen bildet sich im Quellgebiet ein Sumpf, aus dem der Quellbach abfließt (sog. Sumpfquellen o. Helokrenen). Die meisten Quellen dieser drei Typen werden von Niederschlagswasser gespeist.

128 **Quellgrundauen** im Riesengebirge (131), in den Alpen und Karpaten beherbergen zahlreiche Weidenröschen- und Schaumkrautarten, z.B. das Erlenblättrige Weidenröschen (a), das Nickende- (b) und das Alpenweidenröschen (c), das Alpen-Schaumkraut (d), das Resedenblättrige (e) und das Bittere Schaumkraut (f). Im kühlen Quellwasser entwickeln sich die Larven des Feuersalamanders (132), auf den mächtigen Pestwurzblättern (187) hält häufig einer der größten Rüsselkäfer, der Plumprüssler (129) seinen Schmaus, und im dichten Kraut der Bachauen hält sich ein Vertreter der vielen Weichtiere aus Gebirgen und Bergvorland verborgen, die Waldschnirkelschnecke (130).

Der Übergang von Boden- zu Oberflächenwasser vollzieht sich so abrupt, dass rings um die Quellen einzigartige Ökosysteme entstehen, die sich deutlich von anderen Lebensräumen in den Bergen unterscheiden. Bodenwasser hat nämlich ganzjährig recht ausgeglichene Eigenschaften, nur die Ergiebigkeit der Quellen schwankt im Jahresverlauf; am größten ist sie im Frühjahr, wenn Boden und Felsspalten von kühlem, relativ mineralreichem Schneeschmelzwasser gesättigt sind. Die Quellwassertemperatur liegt das ganze Jahr einige Celsiusgrade über Null, sodass Quellen nur selten zufrieren – im Gegensatz zu den tiefer liegenden morastigen Flächen unterhalb der Quelle. Quellwasser ist sauerstoff- und meist auch recht nährstoffarm.

131

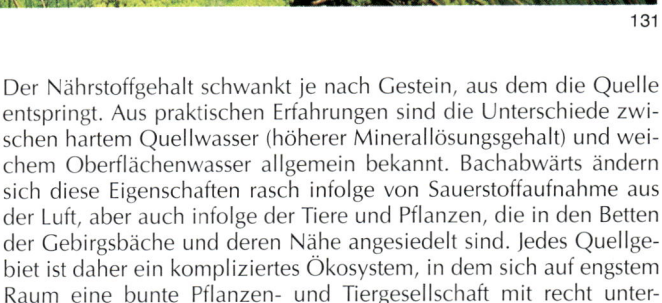

Der Nährstoffgehalt schwankt je nach Gestein, aus dem die Quelle entspringt. Aus praktischen Erfahrungen sind die Unterschiede zwischen hartem Quellwasser (höherer Minerallösungsgehalt) und weichem Oberflächenwasser allgemein bekannt. Bachabwärts ändern sich diese Eigenschaften rasch infolge von Sauerstoffaufnahme aus der Luft, aber auch infolge der Tiere und Pflanzen, die in den Betten der Gebirgsbäche und deren Nähe angesiedelt sind. Jedes Quellgebiet ist daher ein kompliziertes Ökosystem, in dem sich auf engstem Raum eine bunte Pflanzen- und Tiergesellschaft mit recht unterschiedlichen Anforderungen an Wasser, Temperatur und Nährstoffe einfindet.

Eine Kälte liebende Gesellschaft

Das kühle Wasser in unmittelbarer Quellnähe wird von zahlreichen Kälte liebenden Algen-, Laub- und Lebermoosarten besiedelt. Vor allem die mikroskopisch kleinen Kieselalgen zeichnen sich durch die fantastische Formenvielfalt ihrer Kieselgurgehäuse aus. In den Bergen Mitteleuropas haben an solchen Stellen viele Eiszeitrelikte Zuflucht gefunden – Überreste von Organismen aus der Eiszeit, etwa die räuberischen Strudelwürmer. Erst ein paar Meter weiter unterhalb, wo das Wasser schon über eine breitere Fläche strömt, oder auf nassen Felswänden, über die das Wasser aus höher liegenden Quellen fließt, erscheint die bunte Gesellschaft der Feuchte liebenden Pflanzen – Lauche, Veilchen, Dotterblumen, Schaumkräuter, Sumpf-Enziane, Simsenlilien, Fettkräuter, Herzblätter, Vogelmieren, Alpenhelm, Milzkraut, Weidenröschen, Läusekräuter, Seggen und Knabenkräuter. Auch einige Steinbrecharten geben statt trockenen, sonnigen, warmen Felswänden und Geröllfeldern kühlen Quellgründen den Vorzug, insbesondere Immergrüner Steinbrech, Wasser-Steinbrech, Nickender Steinbrech und Stern-Steinbrech.

Reines Quellwasser zeigt scheinbar keinerlei Spuren von Lebewesen. Doch heimlich unter Steinen und im dichten Bestand von Laub- und Lebermoosen sowie im zerriebenen Gesteinsmaterial leben Einzeller, Amöben, Testazeen, gedrungene Wassermilben, Wasserasseln und Köcherfliegenlarven, die ihre Körper in Gehäusen verbergen, die aus unterschiedlichem Material zusammengebaut sind, nämlich aus

133 **Anordnung der Gesteine,** ihre Schichtung und chemische Zusammensetzung entscheiden darüber, auf welchen Wegen das Grundwasser an die Oberfläche drängt, ob es eine artesische Quelle, eine Karstquelle, einen tiefen Brunnen oder eine Nassgalle bildet. Immer findet sich aber rund um das ausfließende Wasser eine artenreiche Pflanzen- und Tiergesellschaft ein.

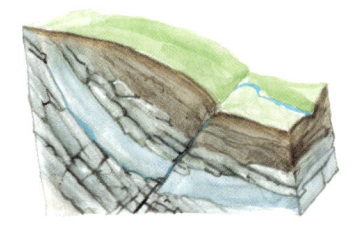

134

135

136

137

138

Kühles strömendes Wasser behagt vor allem den verschiedenen Laub- und Lebermoosen (139), die die Austrittsstellen des Quellwassers säumen (134). Sie besiedeln auch als Erste kalte, nasse Felswände, Sturzquellen und Felsbarrieren in Wildbächen, wo sie eine unnachahmliche Palette von Farben und Formen hervorbringen (135-138, Riesengebirge, Tschechische Republik; 134, Rondane, Norwegen). Zu den häufigsten Vertretern gehören Beckenmoos (a), Welliges Spatenmoos (b), Krallensichelmoos (c), Spießmoos (d), Schnabelmoos (e), Schuppenzweigmoos (f), Vielblütiges Lippenbechermoos (g), Rosenmoos (h), Verwandtes Sternmoos (i), Welliges Sternmoos (j), Bach-Kegelmoos (k) und Flügelmoos (l).

Sandkörnern, Steinchen, kleinen Schneckenhäusern oder Pflanzenteilchen. Über den Grund kriechen räuberische Planarien, Würmer und Schnauzenschnecken. Von den kleinen Krustentieren erscheinen in Quellgebieten verschiedene Wasserflöhe, Muschelkrebschen und vor allem die gebirgsbewohnenden Flohkrebsarten. Zwar gibt es ein Sprichwort, im dem von einem Frosch auf der Quelle die Rede ist, doch Fröschen behagt das kalte, munter fließende Wasser nicht sonderlich. Sollte man dort einen Grasfrosch finden, so ist der wohl eher unfreiwillig in den Quellbach gefallen. Feuersalamander hingegen mögen das kalte, reine Quellwasser sehr und legen darin auch ihre Eier ab. Ihre Larven verbringen einen beträchtlichen Entwicklungsabschnitt gerade in den Quellbereichen.

139

Genau nach Plan

Um Quellgründe und die ihnen entfließenden Gebirgsbäche bilden sich in Abhängigkeit von Feuchtigkeit, Temperatur und Nährstoffgehalt im Boden mehrere deutlich abgrenzbare Pflanzenzonen heraus. Ihre Vielfalt und Üppigkeit fällt schon von weitem auf, insbesondere auf den windabgewandten Hängen mancher Gletscherkare. Das sind die Quellgrund- und Bachauen. Der Teppich aus Moosgewächsen dicht an der Quelle wird einige Meter weiter von niederwüchsigen Gefäßpflanzen abgelöst. Darunter dominieren dichte Bestände aus Kälberköpfen, Sumpfdotterblumen, Waldschachtelhalmen oder Blauem Pfeifengras. Je weiter man sich von der Quelle entfernt, desto höher werden die Pflanzen. Die bunteste Vegetation findet man an kleinen Rinnsalen. In üppigen und hohen Alpenmatten fesseln Nieswurze, Trollblumen, Rittersporne und Eisenhüte, Baldriane oder die breiten Blätter von Pestwurz und Alpendost das Betrachterauge. Die blühenden Bachauen sind ein reich gedeckter Tisch für Schmetterlinge. Im feuchten Boden ist die kleine Sumpfwühlmaus unermüdlich auf der Nahrungssuche. Auch sie gehört zu den Zeitzeugen aus der Eiszeit, zu den Glazialrelikten. Unmittelbar am Wasser kommt die Ostschermaus gängiger vor. Die seichten Gründe von Sumpfquellen werden mit Vorliebe vom Hirschwild zum Suhlen genutzt.

Das Frühlingserwachen steht in den Quellgründen im Zeichen der Pestwurze, deren rosige bzw. weiße Blütenstände (Gemeine Pestwurz, Weiße Pestwurz) noch vor dem Ausschlagen der Blätter aufgehen. Treuer Begleiter der Pestwurze ist meist das Wechselblättrige Milzkraut (140), erst danach erblüht im Schutz der Nieswurze, Knöteriche, Rittersporne und Storchschnäbel das seltene Opiz-Schaumkraut (141). Entlang der Gewässer gibt es immer reichlich Insekten, z.B. Stelz-, Zuck- und Kriebelmücken, Schwirr- und Eintagsfliegen (143), sodass auch die Insektenfresser wie Wiesenpieper (142) oder Waldspitzmaus (144) immer zu tun haben.

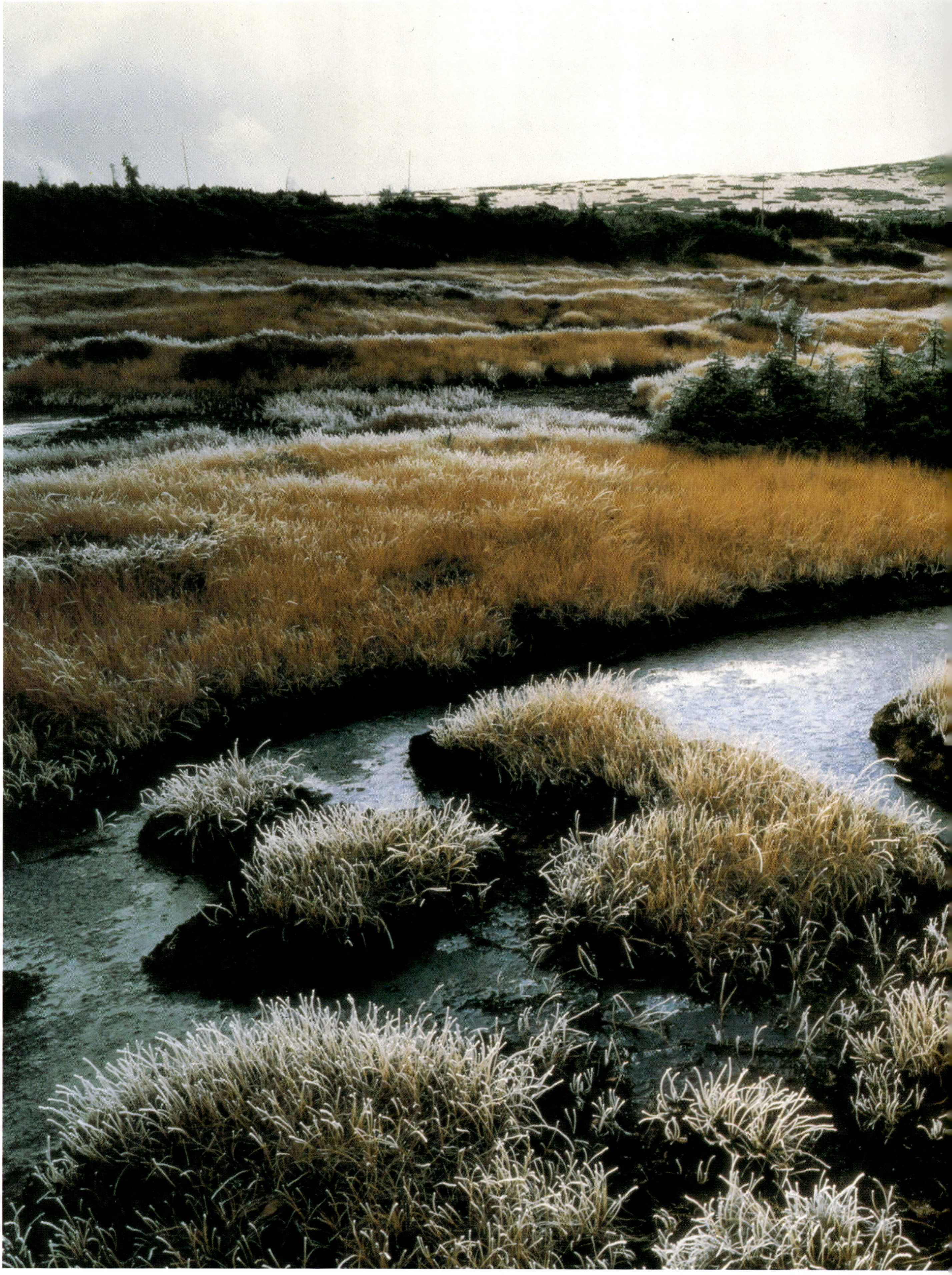

Geheimnisvolle Welt der Moore

Gebirge bewahren das Geheimnis ihrer Vergangenheit nicht nur tief im Boden, in der Anordnung der Gesteinsschichten, in Versteinerungen längst untergegangener Lebewesen oder der Zusammensetzung ihrer Gesteine, sondern auch oberflächennah in den schwankenden Mooren. Das ist eine geheimnisumwitterte Welt, die erst vor verhältnismäßig kurzer Zeit entstand, als sich der gewaltige Nordlandgletscher aus den mitteleuropäischen Gebirgen und Tiefebenen zurückzog. Im feuchten Klima begann die Ära höchst erfolgreicher Organismen, der Torfmoose, denen die Torfmoore schließlich ihren Namen verdanken. Die unzersetzten Torfmooskörper sammelten sich über Jahrtausende an und bildeten eine schmierige Masse – den Torf. Dessen Eigenschaften beeinflussen in den Mooren sämtliche wichtigen Prozesse, z. B. den Wasserhaushalt, die Temperatur, die Nährstoffbildung, das Mikroklima und auch die Zusammensetzung der Tier- und Pflanzengesellschaften, unter denen sich bemerkenswert viele Vertreter der Nordlandtundra befinden. In den Torfschichten sind bis heute Pollenkörner von Pflanzen eingelagert, die vor etlichen Jahrhunderten vom Wind dorthin gebracht worden sind. So wurden die Moore zu einer Art Naturarchiv, in dem Zeugnisse der Vergangenheit aufbewahrt sind.

145 **Die Torfmoore** auf den Riesengebirgskämmen sind ein kleines Schaubild der Nordlandtundra, die von hier über 3000 km weit entfernt liegt. Hier leben zahlreiche Eiszeitrelikte, so auch der kleine Gyllenhals-Dammläufer (146). Von der Bedeutung dieser „Nordlandinsel" in Mitteleuropa zeugt auch ihre Aufnahme in das Verzeichnis der Ramsar-Konvention, der streng geschützten Feuchtgebiete der Welt.

1 **Preiselbeere** (*Vaccinium vitis-idaea*), 2 **Torfmoos** (*Sphagnum palustre*), 3 **Menetries Laufkäfer** (*Carabus menetriesii*), 4 **Sumpflaufkäfer** (*Agonum ericeti*), 5 **Schulterläufer** (*Pterostichus negligens*), 6 **Libellenlarve** (*Odonata*), 7 **Köcherfliegenlarve** (*Trichoptera*), 8 **Bergmolch** (*Triturus alpestris*), 9 **Sumpf-Haubenpilz** (*Mitrula paludosa*), 10 **Sumpfmaus** (*Microtus agrestis*), 11 **Waldeidechse** (*Lacerta vivipara*), 12 **Torfbeere** (*Oxycoccus microcarpus*), 13 **Scheidiges Wollgras** (*Eriophorum vaginatum*), 14 **Mornell-Regenpfeifer** (*Eudromias morinellus*), 15 **Goldregenpfeifer** (*Pluvialis apricaria*), 16 **Schmalblättriges Wollgras** (*Eriophorum angustifolium*), 17 **Sumpf-Blutauge** (*Comarum palustre*), 18 **Rasen-Haarbinse** (*Baeothryon austriacum*), 19 **Zwergmaus** (*Sorex minutus*), 20 **Alpen-Fettkraut** (*Pinguicula vulgaris*), 21 **Gekrümmtes Torfmoos** (*Sphagnum recurvum*), 22 **Rundblättriger Sonnentau** (*Drosera rotundifolia*), 23 **Sumpfveilchen** (*Viola palustris*), 24 **Fieberklee** (*Menyanthes trifoliata*), 25 **Blaukehlchen** (*Luscinia svecica*), 26 **Scheidiges Wollgras** (*Eriophorum vaginatum*), 27 **Europäischer Siebenstern** (*Trientalis europaea*), 28 **Schwedischer Hartriegel** (*Cornus suecica*), 29 **Raubspinne** (*Arctosa alpigena*), 30 **Wolfsspinne** (*Pardosa sphagnicola*), 31 **Wiesenpieper** (*Anthus pratensis*), 32 **Karpatenbirke** (*Betula carpatica*), 33 **Schüsselflechte** (*Cetraria glauca*), 34 **Moos-** o. **Rauschbeere** (*Vaccinium uliginosum*), 35 **Heidekraut** (*Calluna vulgaris*), 36 **Merlin** (*Falco columbarius*), 37 **Aakerbeere** (*Rubus arcticus*), 38 **Molte-** o. **Schellbeere** (*Rubus chamaemorus*), 39 **Birkenrotkappe** (*Leccinum testateoscabrum*), 40 **Hohlfußröhrling** (*Suilus variegatus*), 41 **Sudetisches Läusekraut** (*Pedicularis sudetica*), 42 **Buntes Läusekraut** (*Pedicularis oederi*), 43 **Lappland-Läusekraut** (*Pedicularis lapponica*), 44 **Zwergbirke** (*Betula nana*), 45 **Kahlkopf** (*Psilocybe uda*), 46 **Sumpfhäubling** (*Galerina paludosa*), 47 **Heidekraut** (*Calluna vulgaris*), 48 *Amphidinium amphidinioides*, 49 *Amphidinium elenkinii*, 50 *Cosmarium broomei*, 51 *Staurastrum chaetoceros*, 52 *Sphaerodinium cinctum*, 53 *Euastrum verrucosum*

25
32
31
33
26
34
18
24
36
35
41
40
27
28
39
43
37
38
23
42
44
19
22
47
45
46
29
30
48
49
52
21
50
51
53

Tundra auf Bergkämmen

Eine Gebirgslandschaft besteht nicht nur aus Kämmen, Gipfeln und Steilhängen, sondern auch aus Mulden, Talgründen, Tälern und Senken. Nach Ende der Eiszeit und Rückzug der Gletscher, also vor rund 15 000 Jahren, hat sich an Stellen mit undurchlässigem Untergrund Regen- und Quellwasser angesammelt. Im dauerfeuchten, kühlen Milieu entstanden so besondere Ökosysteme, die Moore. Sie sehen der Nordlandtundra verblüffend ähnlich: Das ist kein Wunder, denn diese äußerst ungastlichen Bergmoore sind für viele Bewohner der Tundra zur dauernden Ersatzheimat geworden. Die rasche Rückkehr der Wälder in die Tiefebenen und Hügellandschaften Mittel- und Nordeuropas hat ihnen nämlich den Rückweg in die Nordlandtundra, aus der sie in den Eiszeiten längs der Kontinentalgletscherränder gekommen sind, abgeschnitten. Im Unterschied zur Nordlandtundra leidet die alpine Tundra auf den Kämmen der mitteleuropäischen Hochgebirge weder unter Dauerfrostboden (Permafrost) noch unter mehrmonatigem Licht- und Wärmemangel, durch den sich der Rhythmus von Polarnacht und -tag auszeichnet.

Die Welt der Torfmoose

Dauerfeuchte Umgebung und reichliches Niederschlags- sowie Schmelzwasser haben auf den Bergkämmen und -hängen eine gewaltige Entwicklung Feuchte liebender Pflanzen in Gang gesetzt, dazu gehören vor allem Moose, Torfmoose, Seggen und Wollgras. Deren Stängel, Wurzel, Blätter und besonders ihre Wuchsweise haben ihnen in der dauernassen Umgebung der Moore einen unerhörten Vorteil gegenüber den anderen Pflanzen eingebracht. Ein einzigartiges Beispiel für diese Anpassung liefert das Torfmoos, das mit seinen rund 250 Arten die verschiedensten Nassstandorte in Eurasien und Nordamerika bezogen hat. Sein Körper besteht aus Stängel, Blättchen und dünnen Wurzeln, die allerdings nicht mit den gleichnamigen Organen von Gefäßpflanzen identisch sind. Der eigenartige

Gebirgshochmoore können mehrere Meter mächtig werden und infolge des Torfmoos-Wuchses eine Wulstform mit gewölbter Oberfläche erhalten (148). Darauf wechseln sich Bulte, Schlenken und Mooraugen ab. Dem entspricht auch die strenge Ordnung der Moorvegetation von den Randbäumen und -sträuchern über Kleinsträucher, Gras- und Moosgewächse bis zu den dunklen Mooraugen, wie die Luftaufnahme eines Hochmoores aus Alaska deutlich zeigt (151). Zu den treuen Hochmoorbewohnern gehören die Zwergsträucher der Krähenbeere (153) und das halbparasitische Bunte Läusekraut (152). Die herbstliche Färbung der Rasen-Haarbinse verleiht den europäischen Hochmooren einen eigenen Charakter (150).

Schwankende grüne Teppiche – so sehen die dichten Torfmoosdecken aus (149). Ihre einzelnen Arten hält nur ein guter Kenner auseinander. Zu den häufigsten Torfmoosarten der Hochmoore gehören Kahnblättriges Torfmoos (a), Sparriges Torfmoos (b), Gekrümmtes Torfmoos (c), Gebirgstorfmoos (d), Breitblättriges Torfmoos (e) und Spitzblättriges Torfmoos (f).

Stängelbau erlaubt dem Torfmoos, eine Höhe von zwei Metern zu erreichen, wobei nur die oberen paar Zentimeter lebendig sind. Das ist das so genannte „Endloswachstum", das Grundprinzip bei der Moorbildung, wie im Folgenden noch beschrieben wird. Von den sich intensiv verästelnden Stängeln gehen kleine Blättchen ab. Deren Gewebe enthält grüne Chlorozyten und noch mehr farblose tote Zellen, die so genannten Hyalozyten, die fähig sind, sich gänzlich mit Wasser zu füllen. Mit diesem ausgeklügelten System ist das Torfmoos in der Lage, aus den unteren Schichten Wasser zu befördern. Der Torfmooskörper kann das Dreißigfache seines Eigengewichts an Wasservolumen aufnehmen. Bekommen Torfmoose genügend Wasser und Licht, lassen sie mit der Zeit ausgedehnte, in der Mitte aufgewölbte Teppiche entstehen; nach und nach wird die ganze vertorfte Mulde mit einer gleichförmigen lebenden Formation bedeckt. So entstehen Hochmoore – der charakteristische Moortyp in den Bergen –, die direkt von den Niederschlags- und Schmelzwassermengen abhängen. An mineralreichen Quellen in tieferen Lagen entstehen Flachmoore. Die Kombination der beiden stetigen Wasserzufuhren, Regen- und Quellwasser, lässt im Gebirge unterhalb von Quellgründen häufig Übergangsmoore entstehen. Torfmoose wachsen in allen drei Moortypen, doch sind die Lebensbedingungen in den Hochmooren völlig anders als in den übrigen Moortypen.

Ökosystem Hochmoor

In den Unterschichten des Hochmoores sammeln sich abgestorbene Torfmoos-, Seggen-, Gras- und sonstige Pflanzenreste an, die unter Sauerstoffabschluss nur eine teilweise Zersetzung erfahren. Die restlichen Teile werden in Form einer dunkelbraunen, schmierigen organischen Masse konserviert, als Torf, der im Lauf der Jahrtausende stellenweise bis zu zehn Meter mächtige Lager gebildet hat. Profil und Bildung der Hochmoore sind nicht immer gleich, insbesondere ihre Oberfläche wird im Lauf der Jahrhunderte von Wasser, Frost, Wind

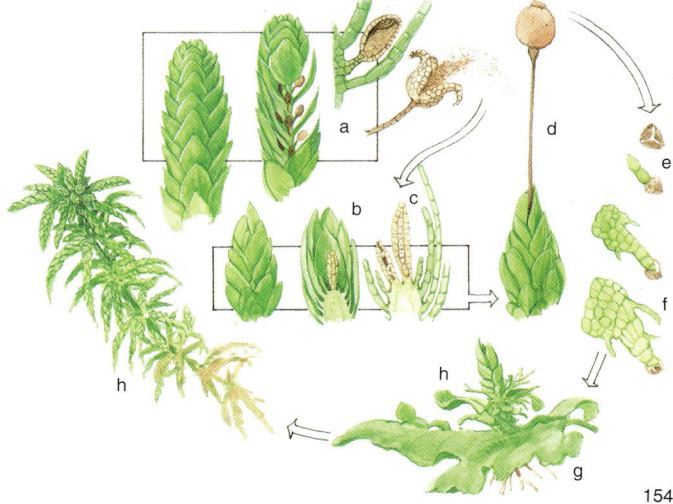

154 **Die Torfmoos-Fortpflanzung** verläuft sehr intensiv auf vegetativem Wege – durch das Wurzeln der Zweige und Stängel. Der geschlechtlichen Fortpflanzung dienen die männlichen Antheridien (a) und die weiblichen Archegonien (b), die an einigen Ästchen sitzen. Im Wasser dringen die sehr beweglichen Spermatozoide zur Eizelle im Archegonium vor (c), und befruchten diese. Am Ast entwickelt sich mit der Zeit ein eigenartiges Stielchen mit einer Kapsel, dem Sporangium (d), das die Sporen enthält (e). Aus diesen wächst ein kurzer Schlauch (f), aus dem sich nach und nach der blattartige Vorkeim (g) entwickelt. Aus den Rändern des Vorkeims wachsen dann die neuen Torfmoospflänzchen (h).

und Eis modelliert. Herausragende Hügelchen wechseln mit flachen Stellen, Vertiefungen und Tümpel ab. Jedes dieser Gebilde hat seinen Namen. Die Hügelchen heißen Bulte, die Rinnen dazwischen Schlenken, tiefere wassergefüllte Mulden heissen Kolke oder Mooraugen; in einem Hochmoor findet man in der Regel auch mehrere tiefere Tümpel mit dunkelbraunem Wasser. Die Farbe signalisiert einen hohen Gehalt an organischen Huminsäuren, die aus dem Torf gelaugt werden. Die so gegliederten Hochmooroberflächen haben einen unterschiedlichen Grundwasserspiegel, unterschiedlichen Temperaturverlauf, abweichende Verdunstungsintensität und daher auch verschiedene Bewohner.

Aus den eher trockenen Bulten wachsen Widertonmoos, Flechtenbüschel, vor allem Rentierflechten, dichte Horste von Scheidigem Wollgras sowie die niedrigen Sträucher von Preisel- und Moosbeere, Heidekraut oder Krähenbeere. Auf größere trockene Hochmoorflächen dringen sogar Latschenkiefern vor, in den Gebirgen des Nordens die kriechenden Sträucher der Krüppelbirken, verschiedene Weiden und die wunderschöne Erikazee *Phyllodoce caerulea*. Im Sommer erstrahlen über den Bulten die rotgelben Fruchtstände der Molte- oder Schellbeeren, die bei den Nordlandbewohnern wegen ihres köstlichen Geschmacks und des hohen Vitamin-C-Gehalts sehr beliebt sind. Die südlichste Fundstätte dieser Miniatur-Brombeere (160) sind die Moore im Riesengebirge. Dort tritt die Moltebeere als ein seltener Bote der einstigen Nordlandtundra auf, die während der Vereisung Europas bis in jene Gegend reichte. Dort wächst sie gemeinsam mit der Latschenkiefer, die wiederum im Riesengebirge ihr nördlichstes Vorkommen hat. Die flachen Stellen nehmen eine Reihe von Torfmoosen, Seggen und die Rasenbinse (150) ein sowie die Feuchte liebenden Zwergsträucher Polei-Rosmarinheide und Torfbeere. Dort wächst auch eine spezifische Moor-Mykoflora, deren Vertreter sich durch einen ungewöhnlich langen Stiel auszeichnen, mit dem sie bis an die nährstoffreichere Schicht aus zersetztem Torfmoos reichen (verschiedene Flämmling-, Rübling-, Nebeling-, Häubling-,

155

156

157

158

Kriechwüchsige Sträucher haben sich sehr gut an die rauen Lebensbedingungen der Gebirgshochmoore angepasst. Nur selten fehlt dort die Krüppelbirke (158). Typisch für die Riesengebirgsmoore sind Kleinformen der Latschenkiefer (161). Auf freien Flächen ducken sich die winzigen Sträucher der Polei-Rosmarinheide an den Boden (155), deren Blüten mit Vorliebe von Hummeln und Schmetterlingen aufgesucht werden. Andere Nahrungssorgen hat der mitteleuropäische Schneckenkanker (157); er ernährt sich von Kleinschnecken und hat dazu besondere, zu Scheren ausgebildete Vordergliedmaßen, mit denen er die erbeutete Schnecke vom Gehäuse befreit.

Helmling- und Schwefelpilzarten). Die wassergefüllten Schlenken wachsen mit Wassermoosen und Algen zu, mit Schmalblatt- oder Scheuchzer-Wollgras; als einziger Vertreter der hohen Seggen zeigt sich hier die Schnabel-Segge, der das stark saure Moorwasser nichts ausmacht. An den Mooraugenrändern wachsen andere Torfmoose und vor allem Schlammseggen, die auffällige graugrüne Säume bilden. Gelegentlich ragen Blätter und Blütenstände des Fieberklees aus dem Wasser, der aber eher in Flachmooren zu Hause ist. Die Farbpalette des Hochmoores wird von den Blüten der Sumpf-Blutaugen ergänzt.

Der bunten Zusammensetzung der Moorflora zum Trotz muss gesagt werden, dass dort wirkliche „Hungerkünstler" wachsen. Ähnlich wie auf den Felsen und Windkämmen leiden auch hier die Pflanzen unter Wassermangel, obgleich ringsum Wasser in Hülle und Fülle vorhanden ist. Die hohe Verdunstung auf der Mooroberfläche, die sich bei direkter Sonneneinstrahlung bis über 50 °C erhitzen kann, austrocknende Winde und die sehr beschränkte Nutzbarkeit des extrem sauren Moorwassers zwingen die Pflanzen dazu, mit dem Wasser äußerst sparsam umzugehen. Daher haben ihre Blätter ein Xerophilgewebe, kleine Spaltöffnungen in geringerer Zahl und eine kleine Blattoberfläche mit verschiedenen Wachsschichten. Die Moor bewohnenden Kleinsträucher haben eine dichte Struktur, was ebenfalls die Verdunstung mindert. Gelegentlich erfrieren bei den regelmäßigen Bodenfrösten im Frühjahr oder Sommer die jungen Jahrestriebe. Dann sprießen Zweige aus Schlafknospen, wobei eigentümliche kugel- oder wulstartige Wuchsformen zustande kommen, ähnlich wie bei kunstvoll gestutzten Gartenziersträuchern. Statt der Heckenschere ist hier der Frost am Werk. Torf ist ein so karges Substrat, dass manche Arten bei der Ernährung auf die Symbiose mit Mykorrhizapilzen zurückgreifen. Andere haben dem Stickstoffmangel sogar mittels Fleischfresserei abgeholfen (Sonnentau, Fettkraut oder die nordamerikanische Sarrazenie); sie gewinnen wichtige Eiweißstoffe aus den angedauten Körpern eingefangener Insekten.

Winterfeste Nordlandbewohner

Das nasskalte Milieu der mitteleuropäischen Hochmoore tut einer beachtlich großen Zahl bestimmter Wirbeltier- und Wirbellosenarten gut, z.B. manchen Einzellern, Würmern, Hautflüglerinsekten, Schmetterlingen, Käfern, aber auch Vögeln und Säugern, die ansonsten in den Gebirgen und Tundren des hohen Nordens verbreitet sind. Ähnlich wie manche Pflanzenarten haben auch sie bei den großen Veränderungen, die sich auf der Nordhalbkugel nach Ende der letzten Vereisung abgespielt haben, auf den mitteleuropäischen Hochmooren eine Zuflucht gefunden.

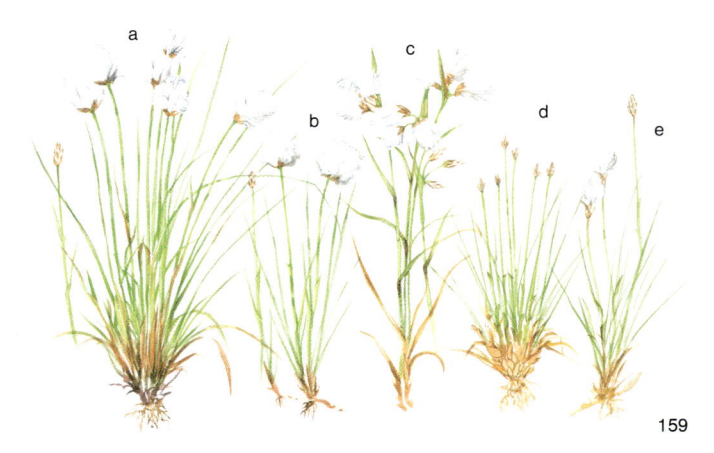

159 **Frisch gefallenem Schnee** gleichen gegen Ende des Sommers die Wollgrasflächen. Die Nüsschenfrüchte dieser Gräser haben nämlich einen langen weißen Flaum entwickelt. Beflaumte Fruchtstände haben das Scheidige Wollgras (a), Scheuchzers Wollgras (b u. 156), das Schmalblättrige Wollgras (c) und die Alpen-Rasenbinse (e); die Rasen-Haarbinse (d) ist flaumlos.

160 **Die Moltebeere** ist ein Schmuckstück der Nordlandmoore, sie gilt sogar als die Nationalpflanze Norwegens. Ihr stachelloser kriechender Stiel ragt kaum aus dem Torfmoosteppich hervor, doch wenn die Beeren reif sind, kann man sie nicht übersehen.

In den Torfmoosbeständen wimmelt es nur so vor Testazeen – Einzeller mit einer eigenartigen Chitinschale – mikroskopischen Schlauchwürmern, Bärtierchen oder Hornmilben. Reichlich Nahrung finden dort Wolfs- und Raubspinnen, aber auch eine ganze Reihe kleiner Laufkäfer aus den Gattungen *Carabus*, *Pterostichus*, *Agonum* und *Patrobus*. Im Wasser finden sich räuberische Libellenlarven aus den Gattungen *Somatochlora* und *Aeschna*, die zu den Wasserwanzen zählende Skorpionswanze oder kleine Schwimmkäfer.

Recht bunt ist auch die Schmetterlingsfauna der Hochmoore, sie umfasst Mohrenfalter, Perlmutterfalter, Bläulinge und den bemerkenswerten Hochmoorgelbling, dessen Larven sich in ihrer zweijährigen Entwicklungszeit ausschließlich von Moosbeerenblättern ernähren.

Den niedrigen Temperaturen haben sich auch die Vertreter der Kriechtierfauna angepasst, z. B. Kreuzotter und Waldeidechse, die im Gegensatz zu tieferen Lagen in den Hochmooren keine Eier legen, sondern lebende Junge gebären. Die feuchte Umgebung schreckt auch kleine Nager, wie die Zwergmaus, Birkenmaus, Sumpfwühlmaus und vor allem Lemminge, die in den Nordland-Hochmooren ein unendlich wichtiges Glied in der Nahrungskette darstellen, nicht ab. Zu ihren Prädatoren gehören der Polarfuchs, aber auch der Vielfraß oder die Schnee-Eule.

Die friedliche Stille in den Hochmooren trügt, denn dort leben und nisten viele Vögel, deren Ruf und Gesang die zauberhafte Atmosphäre dieser Landschaft untermalt. Nicht wegzudenken sind Blaukehlchen, Mornell- und Goldregenpfeifer, der Merlin, ein kleiner Falkenvogel, das Birkhuhn und sein nördlicher Verwandter, das Moorschneehuhn. Ein eigenartiges Geräusch bringen die Bekassinen hervor. Wird die Ringdrossel gestört, macht sie sich lautstark bemerkbar. Sogar Hirsche sind hier häufige Besucher.

162

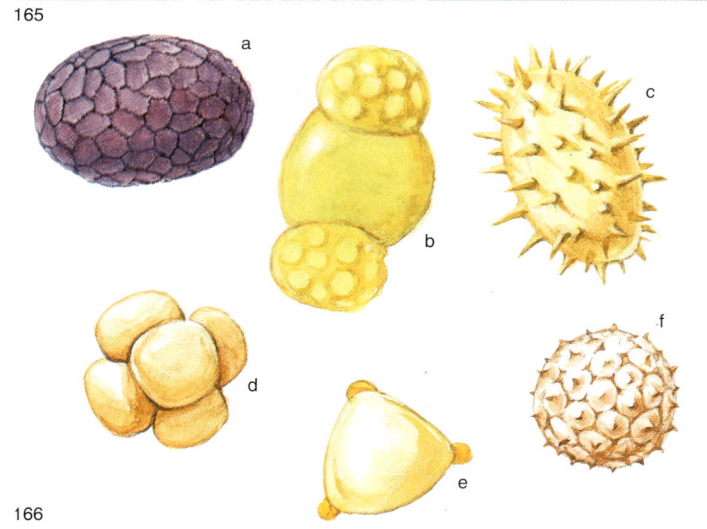

163

164

165

Eine Chronik längst vergangener Zeiten

Die Produktivität des Torfmoor-Ökosystems im Gebirge ist im Vergleich zu Wald oder Wiese sehr gering. Kälte, Sauerstoff und Nährstoffmangel bremsen die Tätigkeit der Zersetzer so sehr, dass sie nur einen winzigen Teil der hervorgebrachten Biomasse verarbeiten können; der Rest sammelt sich als tote Körper in den daraus entstehenden Torfschichten an. Auf ähnliche Weise sind im Paläozoikum die fossilen Steinkohleflöze entstanden. In der Torfmasse werden auch die verschiedensten organischen Überreste eingelagert und gut konserviert: Pflanzen- und Tierkörper, Holzreste, Staub und vor allem Pollen aus den Blüten. Die Pollen haben eine bemerkenswerte Eigenschaft, ihre aus dem Stoff Sporopollenin ($C_{90}H_{158}O_{44}$) gebildete

166

166 **Zeugen der Vergangenheit** sind die winzigen Pollenkörner, die in längst vergangenen Zeiten vom Wind ins Moor verweht wurden. Sie haben sich in den Torfschichten unverändert erhalten; da nun die Pollen der verschiedenen Arten unterschiedliche Oberflächenstrukturen haben, erlaubt eine Torfschichtanalyse ziemlich genaue Rückschlüsse auf die Entwicklungsgeschichte der Pflanzen Lilie (a), Kiefer (b), Teichrose (c), Heidekraut (d), Hexenkraut (e), Kratzdistel (f).

Oberschicht hat bei den einzelnen Pflanzenarten jeweils eine unterschiedliche Struktur (166). Der Wind trägt die Pollenkörner über das Land und setzt sie auf der Mooroberfläche ab, wo sie dann im Lauf der Zeit unter einer neuen Torfmoosschicht verschwinden. Bei der Untersuchung alter Torfschichten haben die Forscher zu ihrer Überraschung festgestellt, dass die Pollenkornstruktur noch nach Jahrtausenden erhalten geblieben war; so konnte die Wissenschaft eine Vorstellung davon gewinnen, wie sich in der Vergangenheit auf den verschiedenen Erdteilen Vegetation, Vereisungsausmaß und landwirtschaftliche Tätigkeit des Menschen gewandelt haben. So ist jedes Torfmoor im Grunde ein aufschlussreiches Naturkundemuseum, in dem sich das Leben der Gegenwart mit den längst vergangenen Zeiten vereint. Deshalb verdienen diese Landschaften zu Recht unseren höchsten Respekt.

Unsicherer Boden unter den Füßen ist auf den Hochmooren ein Nachteil für die großen Pflanzenfresser. Dafür gibt es hier aber Wasser zum Trinken und zum Kühlen, die dichten Weidensträucher und sonstige Laubgehölze bieten sowohl Deckung als auch Nahrung. Aus diesem Grund stellen sich hier der nordamerikanische Wapitihirsch (163) oder der mächtige Elch (164) häufig ein. Im Winter verirrt sich sogar der größte Pflanzenfresser der Nordlandtundra, das Moschusrind (162) an solche Stellen. Das Blaukehlchen (165) hingegen hat dauerhaft seine Heimat im Gestrüpp der Hochmoore. Auch die Schnee-Eule (169) kann hier immer genügend Beute schlagen, z. B. Mäuse und andere kleine Nager. Viele Sträucher verbessern ihre karge Nährstoffbilanz durch Symbiosen mit Mykorrhizapilzen; wo Birken stehen, können weder Birkenrotkappen noch Birkenpilze (170) fehlen. In den seichten Mooraugen entwickeln sich die räuberischen Larven der Blaugrünen Mosaikjungfer (167) und über dem Wasserspiegel ragen fein gefiederte Fieberkleeblüten (168) empor.

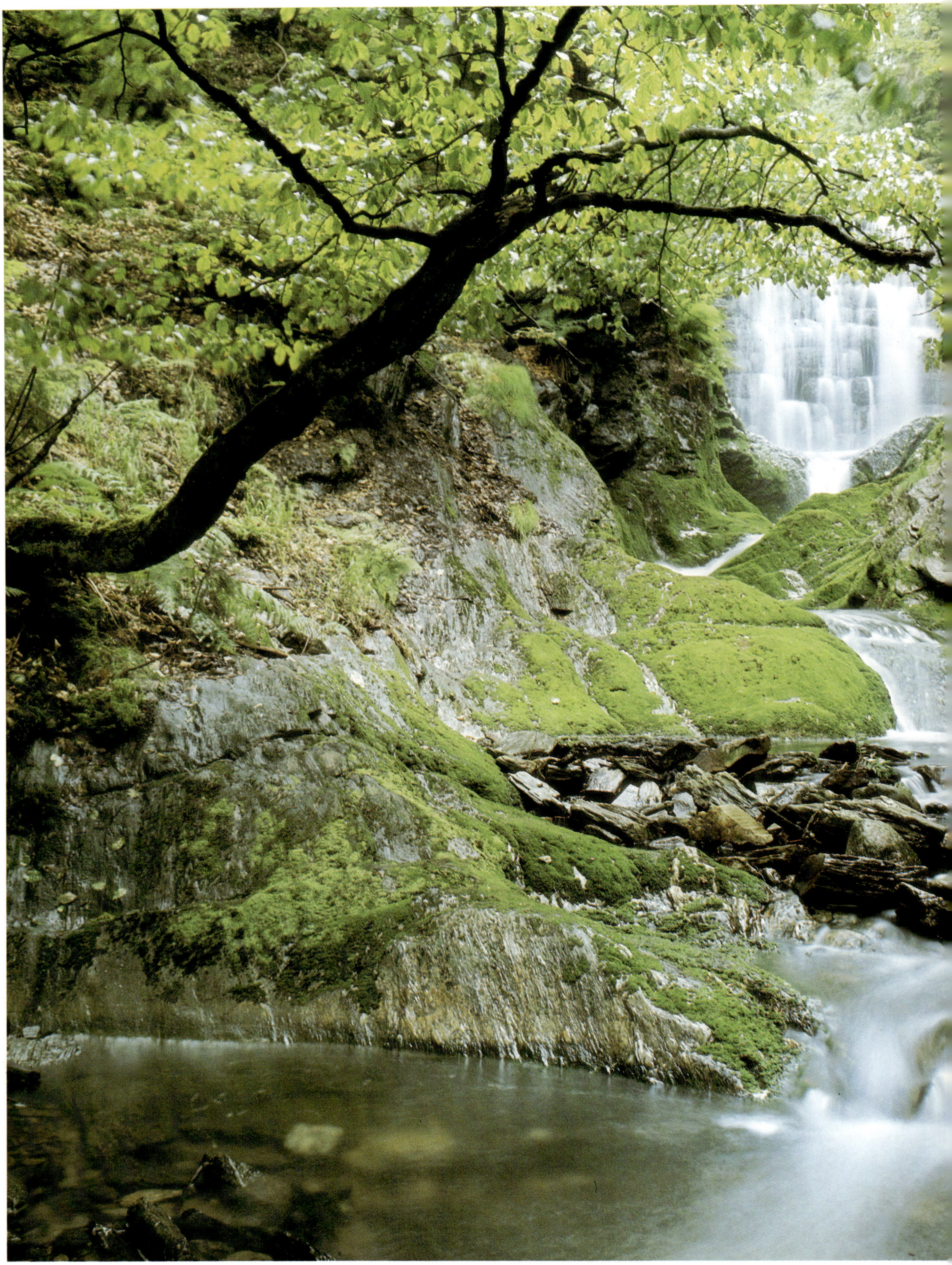

Am Wildbach

Fließendes Wasser modelliert die Gebirgslandschaft schon seit Jahrmillionen. Es schneidet sich immer tiefere Wege in die Berghänge, transportiert Felsblöcke, Kies und Sand talwärts, um sie dort in Terrassen oder als Sand- und Kiesbänke abzulagern. Unterwegs bildet es Seen, Wasserfälle, Stromschnellen und Klammen und übt dabei auf alle lebenden Organismen ringsum entscheidenden Einfluss aus. Pflanzen und Tiere haben sich auf verschiedene Weise an die reißende Kälte der Wildbäche angepasst und eine präzise funktionierende Gesellschaft von Erzeugern und Verbrauchern hervorgebracht. Darin sind alle, angefangen von den mikroskopischen Algen über die Pflanzen fressenden Köcher- und Eintagsfliegen bis hin zu den ewig hungrigen Forellen und räuberischen Fischottern, durch die feinen ökologischen Bindungen zu einer Nahrungspyramide gestaffelt, deren Struktur jedoch von Menschenhand ganz gefährlich gestört werden kann.

172 **Die Wasseramsel** gilt als Symbol für den verborgenen Reichtum eines reinen Gebirgsbaches. Auf dem dicht mit Moosen (171) bewachsenen steinigen Bachgrund halten sich genügend Wasserbewohner versteckt, die ihre wichtigste Nahrung darstellen.

1 **Flussuferläufer** (*Actitis hypoleucos*), 2 **Eisvogel** (*Alcedo attis*), 3 **Weidenarten** (*Salix* sp. div.), 4 **Wasseramsel** (*Cinclus cinclus*), 5 **Gebirgsstelze** (*Motacilla cinerea*), 6 **Fischotter** (*Lutra lutra*), 7 **Flussregenpfeifer** (*Charadrius dubius*), 8 **Wasserspitzmaus** (*Neomys fodiens*), 9 **Gemeines Brunnenmoos** (*Fontinalis antipyretica*), 10 **Bachforelle** (*Salmo trutta* morpha *fario*), 11 **Flusskrebs** (*Astacus torrentium*), 12 **Bergmolch** (*Triturus alpestris*), 13 **Teichmolch** (*Triturus vulgaris*), 14 **Eintagsfliegenlarve** (*Ephemeroptera*), 15 *Pinularia*, 16 *Eunotia sudetica*, 17–19 *Diatoma anceps*, 20 **Schnauzenschnecke** (*Bythinella austriaca*), 21 **Fluss-Napfschnecke** (*Ancylus fluviatilis*), 22 **Schneckenkanker** (*Ischyropsalis hellwigii*), 23 **Seejungfer** (*Agrion virgo*), 24 **Eintagsfliege** (*Ephemera vulgata*), 25 **Bachstelze** (*Motacilla alba*), 26 **Blauer Eisenhut** (*Aconitum callibotryon*), 27 **Köcherfliege** (*Rhyacophila septentrionalis*), 28 **Alpendost** (*Adenostyles alliariae*), 29 **Alpen-Milchlattich** (*Cicerbita alpina*), 30 **Nieswurz, Weißer Germer** (*Veratrum album* subsp. *lobelianum*), 31 **Sumpfdotterblume** (*Caltha palustris*), 32 **Alpen-Pestwurz** (*Petasites paradoxus*), 33 **Weiße Pestwurz** (*Petasites albus*), 34 **Rote** *o.* **Gemeine Pestwurz** (*Petasites officinalis*, syn. *hybridus*), 35 **Alpenspitzmaus** (*Sorex alpinus*), 36 **Plattbauch** (*Libella depressa*), 37 **Großer Trägrüssler** (*Liparus glabrirostris*), 38 **Kriebelmücke** (*Simulium ornatum*), 39 **Blauer Blattkäfer** (*Chrysomela lichenis*), 40 **Smaragdlibelle** (*Somatochlora*), 41 **Feuersalamander** (*Salamandra salamandra*), 42 **Bitteres Schaumkraut**

(*Cardamine amara*), 43 **Sumpfmaus** (*Microtus agrestis*), 44 **Grasfrosch** (*Rana temporaria*), 45 **Bachhafte** (*Ecdyonurus venosus*), 46 **Eintagsfliegen-Nymphe** (*Baetis*), 47 **Stein-** o. **Ufer-fliege** (*Perla abdominalis*), 48 **Gyllenhals Laufkäfer** (*Nebria gyllenhali*), 49 **Bachflohkrebs** (*Rivulogammarus fossarum*), 50 **Stein-** o. **Uferfliegenlarve** (*Plecoptera*), 51 **Köcherfliegenlarve** Trichoptera, 52 **Eintagsfliegenlarve** (*Ephemeroptera*), 53 **Planarie** *Polycelis cornuta*, 54 **Planarie** (*Crenobia alpina*)

Am Anfang der langen Reise

Die atmosphärischen Niederschläge fallen zum größten Teil auf die Oberfläche von Gebirgen, sickern ins poröse Gestein, speisen Gletscher und fließen zum Teil auf der Oberfläche ab. Dort vereinigen sie

174 Vom Ei zum Frosch: Zwar leben die meisten Amphibien als Einzelgänger, doch kommen sie in der Paarungszeit zusammen. Nach Partnerwahl und Paarung (die bei Fröschen anders vor sich geht als bei Molchen) legen die Weibchen die von einer Gallertmasse umhüllten Eier, die Springfrösche in großen Klumpen an der Wasseroberfläche (a), die Kröten in Form von langen Ketten zwischen den Wasserpflanzen (b). Molche hüllen ihre Eier einzeln in Wasserpflanzenblätter (c). Nach etwa ein bis zwei Wochen schlüpfen die Larven (Kaulquappen), die sofort bewegungsfähig sind und durch büschelige Außenkiemen atmen (d, e). Die gesamte Verwandlung von Kaulquappe in Frosch oder Molch, bei der sich zuerst die Hinter- dann die Vorderbeine ausbilden und die Lunge ihre Arbeit aufnimmt, dauert je nach Wassertemperatur ca. zwei bis drei Monate.

sich bald mit dem aus Quellen entsprungenen Wasser, um dann – vorerst in Gestalt eines Rinnsals – die lange Reise zum Meer anzutreten. Aus einem kleinen Rinnsal wird je nach Ergiebigkeit der Niederschläge ein Wildbach, der schon ein paar hundert Meter weiter auf der Erdoberfläche die gleiche modellierende Rolle spielt wie mächtige Gletscher oder donnernd ins Tal abgehende Lawinen. Die Gebirgsoberfläche wurde nämlich nicht nur von Wind und Chemie-

176 Wie lebende Holzstückchen sehen Köcherfliegenlarven aus, die sich zu ihrem Schutz Gehäuse aus allerlei Material bauen. Manche Arten verwenden Sandkörner als Bauteile, andere winzige Wasserschneckenhäuser, Gras- oder Nadelreste, sodass diese Behausungen sehr unterschiedlich ausfallen. Köcherfliegen können auch im reißenden Gewässer der Wildbäche leben (175), auf dem Grund umherkriechen oder sich auf Steinen festsetzen. Abgebildet sind Larvengehäuse der Gattungen *Limnophilus* (a, e), *Silo* (b), *Cyrnus* (c), *Odontocerum* (d), *Halesus* (f), und *Ecnomus* (g).

erosion geformt. Von der letzten alpinen Faltung im Känozoikum bis zum heutigen Tag waren ebenso Gebirgsbäche, -flüsse und Gletscher mit am Werk. Sie schneiden sich in die Berghänge ein und transportieren Felsen, Blöcke, Sand und Bodenkrume weit ins Tal hinunter. Die Visitenkarten der Gletscher sind die breiten, U-förmigen Trogtäler; Flüsse hingegen schneiden sich als V-förmige Kerbtäler in den Untergrund. Die Endgestalt eines Tales hängt von Härte und Schichtung des Untergrundes ab, von seiner geologischen Zusammensetzung sowie von Neigung und Länge des Berghanges. An der Grenze zwischen härterem und weicherem Gestein lassen die Bergbäche und -flüsse Wasserfälle, Stromschnellen, Klammen mit interessanten Riesentöpfen entstehen und befördern auf ihrer Reise Steine, Felsblöcke, Kies und Erde hinunter an den Bergfuß. All dieses Material lagern sie dann in den Flussunterläufen in Gestalt von Sand- und Kiesbänken, Flussterrassen und -auen ab. Dabei überwinden sie mindestens drei Vegetationshöhenstufen, was sich in einer beidseitigen Migration von Pflanzen und Tieren sowie einer bunten Zusammensetzung von Flora und Fauna an den Gebirgsflüssen und in ihrer Umgebung niederschlägt.

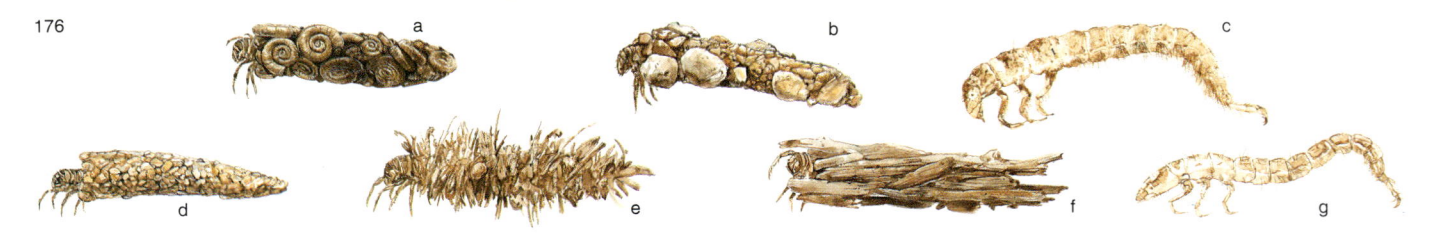

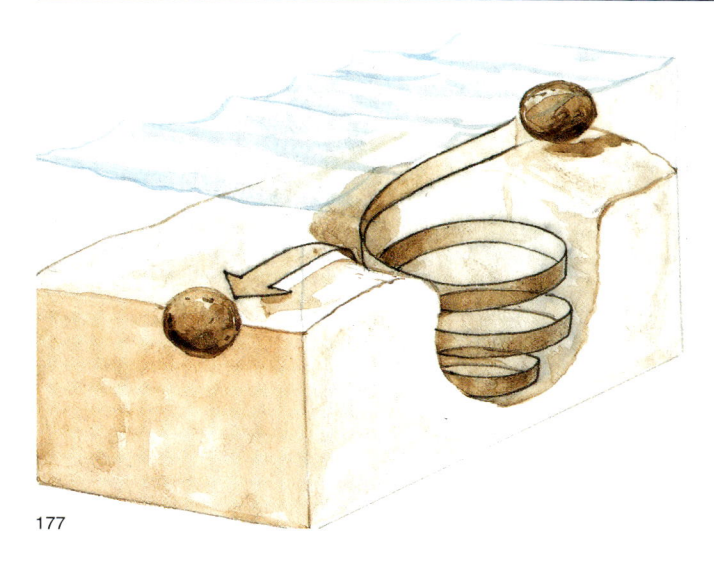

177 **Riesentöpfe** kommen in den Bachbetten und Klammen von Wildwassern vor. In kleinen Kolken auf dem Bettgrund werden von der Strömung eingefangene Kiesel oder Geröllstücke unermüdlich herumgewirbelt, wodurch sie kreisrunde Vertiefungen unterschiedlicher Größe in den Untergrund graben (178).

Das grüne Königreich

Die jäh dahinschießenden Wildbäche haben die in ihrem kühlen Wasser und in dessen Nähe entstandenen Ökosysteme nachhaltig geprägt. Bis auf geringe Ausnahmen besiedeln keine Gefäßpflanzen auf Dauer den Bachgrund, denn der ist ihnen zu unbeständig. Nur die langen Strähnen des Gemeinen Brunnenmooses schaffen es, auf der Steinoberfläche festzuwachsen und dann in der Strömung zu schweben. Die dunkle Farbe der Steinbrocken im Fluss- oder Bachbett ist auf den dichten Algenbewuchs zurückzuführen, hier sind besonders häufig die Kieselalgen mit ihren ornamentgeschmückten Kieselsäuregehäusen (173) anzutreffen; das kalte, klare und sauerstoffreiche Wasser kommt ihnen sehr zustatten. Die Ufer von seichteren und ruhigeren Bächen wachsen schon mit reicher Moosflora zu und erst die entferntere, feuchte Umgebung der Gebirgsbäche wird dann von bunten Pflanzenteppichen aus großen Kraut- oder Farngewächsen bedeckt, etwa von Alpen-Frauenfarn und Dornfarn. Die Bachauen der tiefer liegenden Gebirgspartien erstrahlen im Frühjahr in einer unnachahmlichen Farbkombination aus blühenden Märzenbechern, Anemonen, Sumpfdotterblumen und vor allem Pestwurzen, deren mächtige Blätter bald darauf die verblühte Frühlingspracht für lange Monate verdecken.

Die Nahrungspyramide

Das vermeintlich karge Nahrungsangebot für Wasser bewohnende Pflanzenfresser wird durch eine Unmenge von verschiedenen organischen Überresten aufgebessert, die die Strömung unablässig im Bachbett mitführt. In Gebirgsbächen findet man eine geradezu verblüffend reiche Wirbellosenfauna. Eine bedeutende Rolle spielen hier die Larven kleiner Insekten, vor allem von Köcher-, Eintags- und Uferoder Steinfliegen. Sie sind winzig und leicht, daher müssen sie sich gegen die reißende Strömung sichern. Köcherfliegenlarven halten sich meist in ihren kunstreich aus Sandkörnern, Pflanzenresten, Schneckenhäusern oder Nadeln gebauten Gehäusen, den Köchern, auf (176), die gut an der Steinoberfläche festgeklebt werden. Die Eintags- und Uferfliegenlarven klammern sich mit den Beinen am Grund oder an Steinen fest und filtern Nahrung aus dem fließenden Wasser. Die kleinen Planarien halten sich mit besonderen Saugnäpfen fest,

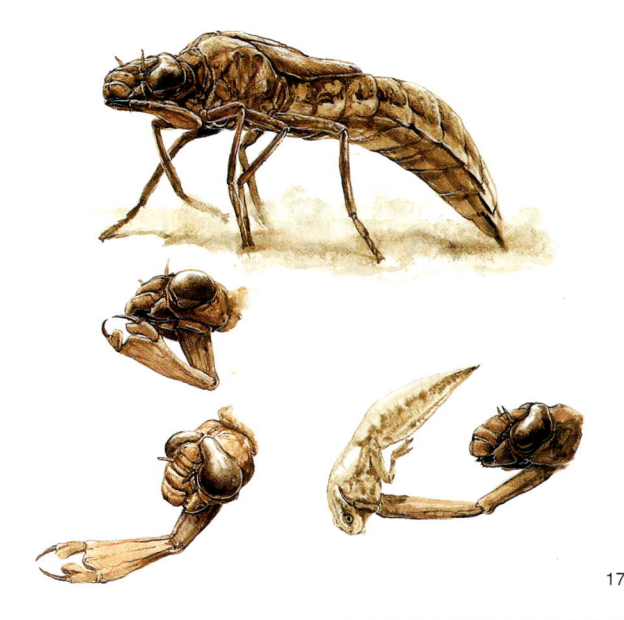

179 **Ein gefährlicher Jäger:** Die räuberische Libellenlarve (Nymphe) entwickelt sich im Wasser, wo sie sich nur sehr langsam bewegt. Trotzdem gehört sie zu den gefürchteten Räubern. Ihre stärkste Waffe ist der vorschnellende Kiefer (Fangmaske), der in Ruhe unter dem Rumpf zusammengelegt ist, jedoch binnen einer vierzigstel Sekunde vorschießen und eine ahnungslose Kaulquappe sicher packen kann. Die Metamorphose zum erwachsenen Insekt dauert bei den Libellen zwischen einem und vier Jahren. Nach vielen Häutungen kriecht die Larve aus dem Wasser und vollendet ihre Verwandlung zum reifen Insekt (Imago).

180

182

181

die beweglichen Flohkrebse und Wasserasseln verbergen sich vor der Strömung unter Kieseln und Steinbrocken.

Insekten und ihre Larven stellen die Hauptnahrung der ausgewachsenen Amphibien dar, die in stilleren Kolken ihre in Schleim gehüllten Eigelege hinterlassen. Der Laich von Grasfröschen, Erdkröten oder Bergmolchen unterscheidet sich in Größe und Form (174), auch ihre Kaulquappen unterscheiden sich in ihrer Entwicklung und Reife. Ehe sie sich binnen einiger Monaten aus Larven zu erwachsenen Tieren entwickeln, ernähren sie sich von organischen Überresten, Algen, Kieselalgen usw. In dieser Zeit werden sie nicht selten zur Beute räuberischer Insektenlarven, z. B. von Libellen und Tauchkäfern, oder sie werden von anderen Fleisch fressenden Konsumenten auf einer höheren Stufe der Nahrungspyramide im Wildbach gefressen, beispielsweise von Forellen, Groppen, Saiblingen, Scher- und Spitzmäusen. Ganz oben in der Nahrungspyramide steht ein in den europäischen Gewässern mittlerweile seltener Prädator – der Fischotter. Die Lebewesen aller Stufen sind durch die feinen Fäden der Ökologiegesetze miteinander verknüpft, die jedoch von Menschenhand unbedacht und grob verletzt werden können. Auf die Übersäuerung der Wasserläufe infolge von saurem Regen reagieren die Ufer- und Eintagsfliegen und verschwinden aus den Bächen. Aufgrund des so ausgelösten Grundnahrungsmangels und wegen des zu sauren, chemisch veränderten Wassers verschwinden auch die Forellen und danach die etwas widerstandsfähigeren Saiblinge. Das hat seine Folgen für weitere Prädatoren, die Nahrungspyramide bricht zusammen. Zwar fließt der Bergbach immer noch ins Tal, doch bereits ohne einen Großteil seiner angestammten Bewohner, deren Rückkehr ungewiss bleibt.

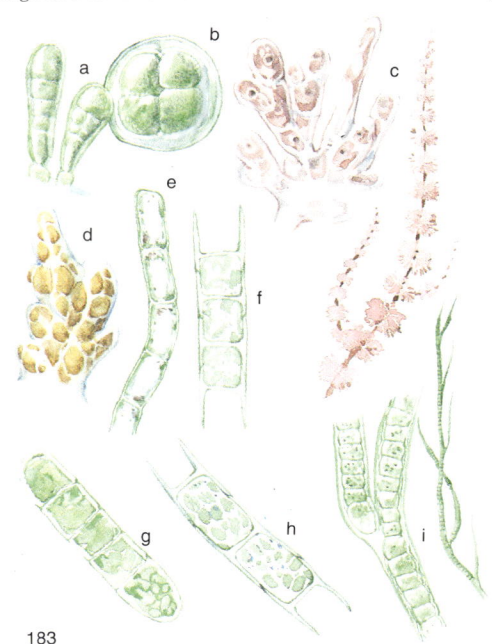

183

183 **Schlüpfrige Steine** in den Bachbetten sind auf ihrer Oberfläche mit Algen der verschiedensten Arten, Formen, Farben, Größen und Namen bedeckt. Das sind beispielsweise *Chamaesiphon* (a), *Chroococcus* (b) *Bathrachiospermum* (c), *Hydrurus foetidus* (d), *Melosira* (e), *Microspora* (f), *Ulothrix* (g), *Tribonema* (h) oder *Tolypothris distorta* (i). Alle sind wichtige Nahrung für Pflanzen fressende Wasserinsekten und deren Larven bzw. für die Brut von Amphibien und Fischen.

Reichlich Nahrung bieten der Gebirgsbach und seine umgebende Natur (181) sowohl dem bunten Eisvogel (180) als auch dem Fleisch fressenden Fischotter (182), der Fische, kleine Nager und Krebse erbeutet, aber auch Insekten nicht verschmäht. Larven und Vollkerfe von Ufer- (186) und Eintagsfliegen dienen Fischen, Fröschen und kleinen Säugern als Futter. Der Nektar in den Blüten der Märzenbecher (185) und Pestwurze (187, 188) ist eine willkommene Leckerei für die gebirgsbewohnenden Schmetterlinge, zu denen auch der Rotbinden-Mohrenfalter gehört (184).

In umgekehrter Reihenfolge entwickeln sich im Frühjahr die bachnahen Pestwurze (187, 188). Zuerst wächst der weiße oder rosafarbene, bei männlichen und weiblichen Pflanzen verschieden geformte Blütenstand. Erst nach dem Abblühen sprießen die Blätter. Sie bedecken im Sommer wie mächtige Regenschirme die ganze Bachaue und nicht selten sogar den Bach selbst, hier die Rote o. Gemeine Pestwurz (a), die Weiße Pestwurz (b) und die Alpen-Pestwurz (c).

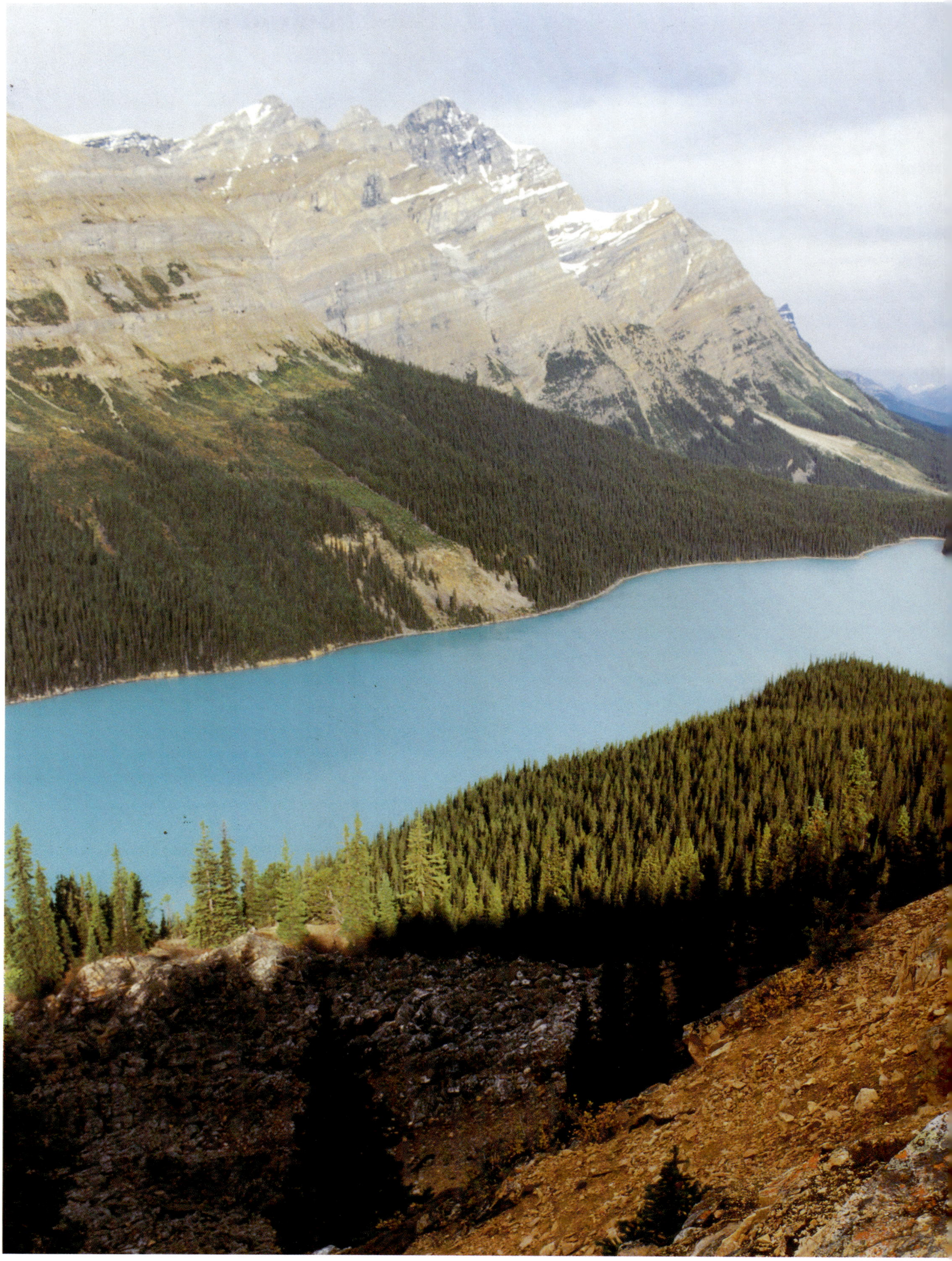

Das Leben in kalten Bergseen

Die Urzeitgletscher haben hoch oben in den Bergen ihre Visitenkarten in Gestalt glasklarer Bergseen hinterlassen, in deren ruhigen Oberfläche sich majestätische Felsgipfel spiegeln. Zwar bewundern alle Bergwanderer die romantische Schönheit der Bergseen, doch in ihrem Wasser kühlen sie höchstens das vom Aufstieg aus dem Tal erhitzte Gesicht. Für eine ganze Reihe von Lebewesen aber ist das eisig kalte, tiefe Seewasser zur dauernden oder auch nur vorübergehenden Heimat geworden. Mit zunehmender Wassertiefe der Seen ändern sich auch Zusammensetzung und Zahl ihrer Bewohner. Ausschlaggebend sind dabei Temperaturabfall, veränderte Qualität des einfallenden Lichts und vor allem die Abnahme von Leben spendendem Sauerstoff und Nahrung. Ähnlich wie die Torfschichten der Moore sind auch die Bergseegründe ein umfangreiches Archiv der Entwicklungsprozesse in der Erdurzeit. Das Wasser der tiefsten Seen birgt sogar lebende Zeugen der känozoischen Natur. Die Welt der Bergseen liefert ein prächtiges Beispiel für die bewundernswerte Anpassungsfähigkeit von Pflanzen und Tieren an das Leben unter diesen extrem harten Naturbedingungen.

Die blaugrüne Welt der Bergseen in Europa und Nordamerika (Peyto-See im kanadischen Nationalpark Banff, Alaska, 189) gilt als Symbol für eine saubere, bislang kaum von der menschlichen Zivilisation gestörte Umwelt. Dringt ein Mensch bis hierher vor, geben ihm die lauten Rufe des Goldregenpfeifers (190) zu verstehen, dass er hier ein ungebetener Gast ist.

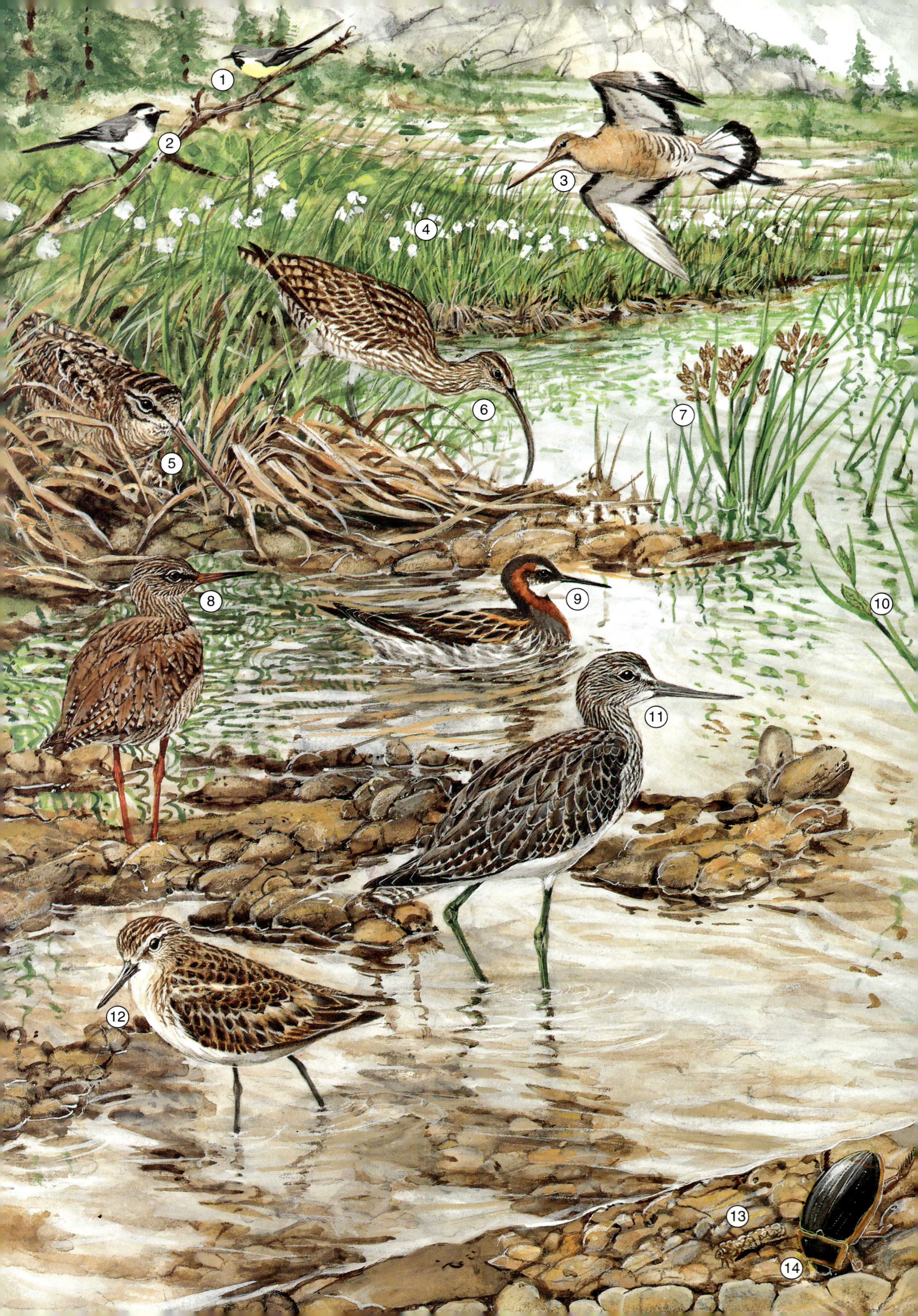
1
2
3
4
5
6
7
8
9
10
11
12
13
14

1 **Gebirgsstelze** (*Motacilla cinerea*), 2 **Bachstelze** (*Motacilla alba*), 3 **Uferschnepfe** (*Limosa limosa*), 4 **Scheuchzers Wollgras** (*Eriophorum scheuchzeri*), 5 **Waldschnepfe** (*Scolopax rusticola*), 6 **Dünnschnabel-Brachvogel** (*Numenius tenuirostris*), 7 **Gemeine Teichsimse** (*Schoenoplectus lacustris*), 8 **Rotschenkel** (*Tringa totanus*), 9 **Thorshühnchen** (*Phalaropus fulicarius*), 10 **Schnabel-Segge** (*Carex rostrata*), 11 **Grünschenkel** (*Tringa nebularia*), 12 **Zwergstrandläufer** (*Calidris minuta*), 13 **Köcherfliegenlarve** (*Trichoptera*), 14 **Gelbrandkäfer** (*Ditiscus marginalis*), 15 **Zuckmückenlarve** (*Chironomidae*), 16 **Kriebelmückenlarve** (*Simulium ornatum*), 17 **Eintagsfliegenlarve** (*Ephemeroptera*), 18 **Uferfliegenlarve** (*Plecoptera*), 19 **Sumpfdeckelschnecke** (*Viviparus viviparus*), 20 **Grasfrosch** (*Rana temporaria*), 21 **Gemeiner Rückenschwimmer** (*Notonecta glauca*), 22 **Wechselblättriges Tausendblatt** (*Myriophyllum alternifolium*), 23 **Große Schlammschnecke** (*Limnaea stagnalis*), 24 **Bachforelle** (*Salmo trutta* morpha *fario*), 25 **Großer Wasserhahnenfuß** o. **Froschkraut** (*Batrachium aquatile*), 26 **Grasartiges Laichkraut** (*Potamogeton gramineus*), 27 **Alpen-Laichkraut** (*Potamogeton alpinus*), 28 **Einfarbener Igelkolben** (*Sparganium minimum*), 29 **Schmalblättriger Igelkolben** (*Sparganium angustifolium*), 30 **Rädertierchen** (*Asplanchna*), 31 **Ruderfußkrebs** (*Cyclops strenuus*), 32 **Alge** *Closterium*, 33 **Tannenwedel** (*Hippuris vulgaris*), 34 **Gelbe Teichrose** (*Nuphar lutea*), 35 **Regenbogenforelle** (*Salmo gairdneri irideus*), 36 **Graugans** (*Anser anser*), 37 **Saatgans** (*Anser fabalis*), 38 **Höckerschwan** (*Cygnus olor*), 39 **Singschwan** (*Cygnus cygnus*), 40 **Nonnengans** (*Branta leucopsis*), 41 **Maräne** (*Coregonus lavaretus*), 42 **Fischadler** (*Pandion haliaetus*), 43 **Prachttaucher** (*Gavia arctica*)

Blaue Perlen an den Berghängen

In den Bergen kommt nicht nur dem fließenden Wasser in Bächen und Flüssen eine bedeutende Rolle zu, sondern auch dem stehenden Wasser, das in Gestalt von glasklaren Bergseen Vertiefungen der verschiedensten Formen und Tiefen, und mit unterschiedlichsten Entstehungsgeschichten ausfüllt. Auf der ganzen Welt gibt es hunderttausende von Seen, angefangen von solchen Giganten wie dem Baikalsee oder den Großen Seen Nordamerikas bis hin zu winzigen, oft sogar namenlosen Teichen, Maaren oder Meeraugen hoch oben in den Bergen. Die Entstehung der meisten Bergseen auf der Nordhalbkugel ist Gletschern zu verdanken. Sie haben auf ihrem Weg die verschiedensten Vertiefungen ausgehobelt und mit den mächtigen Wällen ihrer Endmoränen den Talgrund abgeschottet, der sich dann nach dem Rückzug des Gletschers mit Wasser gefüllt hat. Andernorts haben Bergrutsche Flussläufe gestaut, in solchen Tälern sind so genannte Abdämmungsseen entstanden. Aus geologischer Sicht sind die Gletscher- und Abdämmungsseen sehr jung, durchweg erst im Quartär entstanden, im Gegensatz zu den tiefsten Seen der Welt, die bereits bei den gebirgsbildenden Prozessen des Tertiärs an Stellen entstanden sind, an denen Kontinentalschollen aneinander stießen. So wurden der 1620 m tiefe Baikalsee oder der fast 1500 m tiefe Tanganjikasee im Ostafrikanischen Graben gebildet.

Gletscherseen in den Bergen faszinieren vor allem durch ihre blaugrüne Farbe. Diese erklärt sich dadurch, dass das durchsichtige, tiefe Wasser dieser Seen von keinerlei anorganischen oder organischen Substanzen getrübt wird, sodass es nur sehr wenig blaue Lichtstrahlen verschluckt. Vom reflektierten diffusen Licht aus der Tiefe des Sees

Die mikroskopischen Rädertierchen sind eine ungeheuer große Gruppe von primitiven Einzellern (193), die größtenteils in stehendem Süßwasser, feuchtem Boden oder Moosteppichen leben. Am Kopf haben sie zwei Kränze aus wirbelnden Wimpern, mit deren Hilfe sie schwimmen und sich zugleich Nahrung herbeistrudeln. Es gibt über 1500 Arten, viele Gattungen bevölkern auch das kalte Wasser der Bergseen, z.B. *Asplanchna* (a), *Synchaeta* (b), *Keratella* (c), *Polyarthra* (d), und *Filina* (e).

193

nimmt das menschliche Auge am stärksten die blaue Farbe wahr. Sie verrät, dass Bergseewasser nicht nur rein, sondern auch arm an gelösten Mineralnährstoffen ist (oligotroph), und wenig Wassermikroorganismen, Blau- und Grünalgen enthält. Deren verstärkte Anwesenheit wiederum signalisiert Nährstoffreichtum bzw. -überschuss (eutrophes Wasser). Das kühle stehende Wasser der Bergseen hat noch weitere Besonderheiten, vor allem die typische Temperaturschichtung, wobei große Unterschiede zwischen sonnenerwärmtem Oberflächenwasser und dem kalten Tiefenwasser auftreten. Das dichteste (und schwerste) Wasser von + 4 °C hält sich ganzjährig am Seegrund. Das ist besonders im Winter von großer Bedeutung wenn die Wasseroberfläche zufriert. Das leichtere Eis sinkt dann nicht auf den Grund, sondern dient als Wärme-Isolierung. So können Organismen am nie gefrierenden Seegrund überleben (im Gegensatz zu Flüssen, Bächen und Teichen, die bei stärkeren Frösten bis auf den Grund gefrieren können).

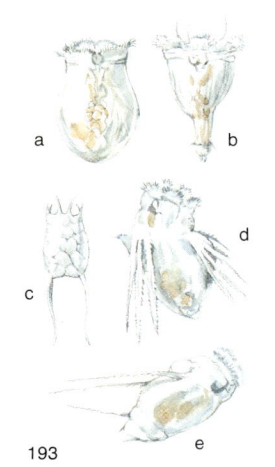

Eine geschichtete Gesellschaft

Das Bergseewasser ist nur scheinbar leblos. Eine minimale Belebung in Gestalt primitiver Bakterien und Einzeller haben nur die am höchs-

Tief unter dem Wasserspiegel hat sich das See-Brachsenkraut (192) seinen Lebensraum gesucht. Es ist einer der wenigen Vertreter der Gefäßsporenpflanzen in den europäischen oligotrophen Seen. Seine Sporangien (a) sitzen versteckt in den verbreiterten Unterpartien der pfriemförmigen Blätter, die Sporen haben eine ausgeprägte Oberflächenstruktur (b).

ten gelegenen Seen auf der Nival- und Subnivalstufe, die den größten Teil des Jahres unter einer Eisdecke liegen. Nur wenig tiefer verblüffen die Bergseen mit der Vielfalt ihres Lebens und der Anpassungsfähigkeit, mit der sich ihre Bewohner unter den unwirtlichen Bedingungen des eiskalten Wassers zu helfen wissen. Dort leben Algen und Einzeller, Würmer, Weich- und Krustentiere, Larven und Insektenvollkerfe, Amphibien, Fische, Vögel und Säugetiere. Seegrund und -spiegel werden von verschiedensten Sporen- und Samenpflanzen besiedelt; diese reichern das Wasser mit Sauerstoff an, der unter Wasser immer als limitierender Faktor für die Entfaltung des Tierreiches auftritt. Ungleiche Licht- und Temperaturverhältnisse, Sauerstoff- und mineralische Nährstoffkonzentrationen bewirken, dass gewisse Tiergesellschaften seichte Wässer an Seeufern (Litoral) bevölkern, andere das offene Wasser fern vom Ufer (Pelagial) vorziehen und weitere Organismen (Benthos) in der Tiefe am Seegrund leben.

194 Ewig hungrige Räuber wie Forellen und Saiblinge müssen sich tummeln, um im klaren Seewasser genügend Nahrung zu erbeuten. Bach- und Seeforellen (a) sind europäische Arten genau wie Elritze und Ostgroppe (e, f). Der Wandersaibling (c) lebt im Nordpolarmeer und blieb als Eiszeitrelikt in einigen Seen der Südalpen erhalten. Im vergangenen Jahrhundert wurden die nordamerikanischen Fischarten Regenbogenforelle und Bachsaibling (b, d) nach Europa eingeführt, wo sie in den Bergseen und -bächen schnell heimisch geworden sind. Leider haben sie aber für eine grundlegende Veränderung der ursprünglichen Seeplankton-Zusammensetzung gesorgt, was auch Folgen für das gesamte See-Ökosystem nach sich gezogen hat.

Am lebhaftesten geht es im Litoral zu. Dort stoßen drei Milieutypen aufeinander – Luft, Wasser und Land, und so gibt es immer reichlich Sauerstoff, Nährstoffe und erwärmtes Wasser, was allen Wasser und Feuchte liebenden Pflanzen behagt. Der dichte Bewuchs aus Schilf, Rohrkolben, Simsen, Seggen, Wasserhahnenfüßen und Teichrosen bietet den kleinen Pflanzen und Fleisch fressenden Krustentieren, Wasserweichtieren, Köcherfliegenlarven, räuberischen Tauchkäfern, flinken Forellen, Maränen und Saiblingen sowie zahllosen Wasservögeln einen hervorragenden Unterschlupf. Dort laufen Uferläufer, Rot- und Grünschenkel, Schnepfen und Rallen umher, untersuchen unermüdlich den belebten Grund, um ihre Brut in sorgsam verborgenen Nestern mit Nahrung zu versorgen. Auf dem Wasser schwimmen Enten, Nonnengänse, Prachttaucher, Schwäne und Wassertreter, einige von ihnen führen ihren eigenwilligen Tauchstil bei der Nahrungssuche im Schlamm des Gewässergrunds vor. Hier stellen auch die kleinen und großen Jäger wie Schermäuse oder Fischotter ihrer Beute nach. Für eine Reihe von Zugvögeln dienen die Wasserflächen großer Seen als Orientierungszeichen und willkommene Rastplätze auf ihren langen, anstrengenden Flügen in die Winterquartiere bzw. zu den Nistplätzen.

Nahe der Oberfläche, aber auch in tieferen Wasserschichten leben die Vertreter des Phytoplanktons – Blau- und Grünalgen. Von diesen

197

198

199

Die Bergseen in der slowakischen Hohen Tatra (Staroleśnianské pleso, 195) und im norwegischen Jotunheim (Besswatnet-See, 196) gehören zu den oligotrophen Silikatgebirgsseen. Die Seen im Triglav-Seental, Slowenien (199) oder Misurina in den italienischen Dolomiten (201) sind reicher an gelösten Mineralien aus ihrer Karbonatgestein-Unterlage, was sich auch in einer bunteren Zusammensetzung der Seeflora und -fauna niederschlägt. Hier fehlen selten Sumpfdotterblumen (201) und die schon von weitem leuchtenden Fruchtstände von Scheuchzers Wollgras (200, 205). Im zuwachsenden Flachwasser der kanadischen Bergseen hat die Nonnengans (198) ihre Nistplätze, gelegentlich streift hier auch das bekannteste Raubtier Nordamerikas, der Grizzlybär (197), umher.

ernährt sich das Zooplankton, vorwiegend kleine Krustentiere, vor allem Wasserflöhe. Diese dienen wieder den räuberischen Ruderfußkrebsen als Nahrung, denen die Fische nachstellen. Diese Nahrungskette endet nicht selten beim Fischadler.

Im Wasser, hauptsächlich im Schlamm am Grund, leben Fäulnisbakterien, Würmer, Kriebelmückenlarven, Krustentiere und einige Weichtiere. Alle ernähren sich von den Resten abgestorbener Tier- und Pflanzenkörper, um diese bis auf die Mineralstoffe zu zerlegen, die dann wieder von den Grünpflanzen in ihr Gewebe eingebaut werden.

Leben im Wasser

Mit der geringen Bewegung des Seewassers hängt seine beschränkte Sättigung mit Sauerstoff und mineralischen Nährstoffen zusammen.

Unter der Wasseroberfläche herrscht ein diffuses Licht, das mit zunehmender Tiefe – je nach Reinheit des Seewassers – mehr oder weniger rapide abnimmt. Eigenartig ist auch die Temperaturzonenstaffelung im Seewasser. Die Organismen haben sich an ein solches Milieu gut angepasst. Die Pflanzen haben reich gegliederte und so ausgebreitete Blätter, dass sie möglichst viel von dem diffusen Licht auffangen können (Wasserhahnenfuß, Tannenwedel, Wasserschlauch, Tausendblatt, Laichkräuter). Im Gewebe ihrer Stängel, Stiele und Blätter sitzen besondere Leitkanälchen, durch die auch tief unter der Oberfläche befindliche Pflanzenteile hinreichend mit Sauerstoff versorgt werden. Da die meisten blühenden Wasserpflanzen Insekten- und Windblüter sind, ragen ihre Blütenstände auf langen Stängeln aus dem Wasser (Seerosen, Teichrosen, Igelkolben). Die winzigen Wasserlinsen schwimmen auf dem Wasser und vermehren sich ausschließlich vegetativ. Der Grund in den Uferzonen mancher Bergseen ist gelegentlich mit dichten Flächen aus Brachsenkraut bedeckt, einem eigentümlichen Farngewächs.

Aktive Bewegung und freies Schweben ist eine fundamentale Lebensäußerung aller Wasserlebewesen. Dem kommen ihre teilweise stromlinienförmigen Körperformen entgegen. Unterstützend wirkt auch die geringe Dichte ihrer Körperflüssigkeiten, die kaum höher als die Wasserdichte ist. Zum leichteren Schweben helfen sich die Tiere mit allerlei Auswüchsen, Wimpern, Fühlern, Ruderfüßen (Rädertierchen, Ruderfußkrebse, Rückenschwimmer, Gelbrandkäfer); ihre Zellvakuolen enthalten winzige Öltröpfchen, Fische haben muskelbewegte Schwanzflossen und Schwimmblasen, die Wasservögel besitzen gut ausgebildete Schwimmhäute an den Füßen. Kiemen ermöglichen Fischen und Amphibienlarven das Atmen unter Wasser, die Larven von Wasserinsekten haben komplizierte Büschelkiemen oder recken verschiedene Körperteile aus dem Wasser, mit denen sie Luft „pumpen" – diese Aufzählung von bemerkenswerten Anpassungen an das Leben auf und im Wasser könnte noch lange fortgesetzt werden.

Der Lebensraum See liefert ein vollendetes Beispiel für die wechselseitige Abhängigkeit in der Natur. Die Isolierung der einzelnen Bergseen spiegelt sich in der riesigen Vielfalt der darin siedelnden Pflanzen und Tiere wider – in der hohen Quote endemischer Formen, in den zahlreichen Eiszeitrelikten und, sofern es sich um tiefe Seen in Senken handelt, sogar in der Existenz von Känozoikumrelikten. Natürliche Wasserbecken haben von jeher die Aufmerksamkeit der Wissenschaft angezogen; so hat etwa die Hydrobiologie, die Lehre vom Leben im Wasser, ihre Grundlagen in der Erforschung des Lebens in Seen.

Auf der Seeoberfläche schwimmen die Blätter typischer Wasserpflanzen, der Laichkräuter (203). Die meisten Arten wachsen in Teichgewässern, jedoch Alpen-Laichkraut (a), Grasartiges Laichkraut (b) und Langblatt-Laichkraut (c) besiedeln auch die Gewässer von Bergseen. Die Unterseiten ihrer schwimmenden Blätter werden von einer bunten Gesellschaft aus Algen, Pflanzen fressenden Kleinkrebsen, Insekten- und Weichtierlarven bewohnt; Nahrung findet hier auch der Fleisch fressende Bachsaibling (202).

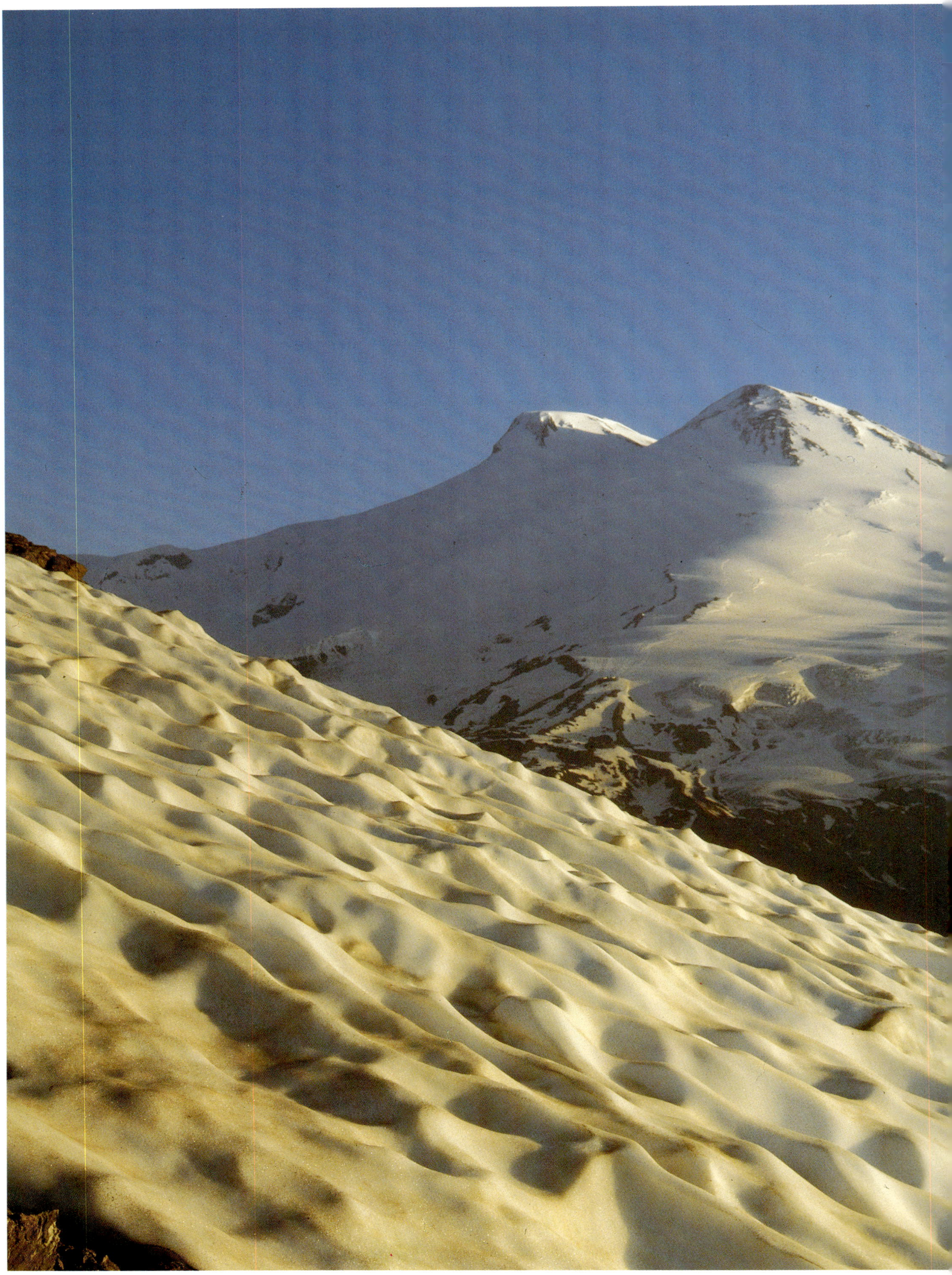

Schnee- und Eiswüsten

Seit Urzeiten wiederholt sich in der Atmosphäre der Verwandlungsprozess von Wasserdampf in Wassertropfen und Schneekristalle, die dann auf die Berggipfel niedergehen und alles Belebte und Unbelebte nachhaltig beeinflussen. Unter gewissen Voraussetzungen verwandeln sich die zauberhaften Schneeflocken auf den Berghängen in strahlend blaues Eis, in dessen mächtigen Schichten die atmosphärische Vergangenheit unseres Planeten eingeschlossen ist. Die Bedeutung von Schnee und Eis für die Gebirgslandschaft und deren Bewohner ist ganz außerordentlich und übertrifft den Einfluss der übrigen Naturkräfte. Gletscher verändern die Gestalt der Berglandschaft und unter einer Schneedecke sind lebende Organismen vor den klirrenden Frösten und eisigen, ausdorrenden Winden geschützt. Auch im Reich des ewigen Schnees und Eises existiert Leben von einer verblüffenden Vielfalt.

Die Nivalstufe der Hochgebirgsmassive ist die Heimat von verblüffend vielen Lebewesen, angefangen von mikroskopischen Bakterien und Algen bis hin zum majestätischen Kondor oder dem Schneeleoparden, einer herrlichen Raubkatze aus dem Himalaja. Auf der Oberfläche von Schneefeldern und Gletschern auf den Hängen des Elbrus im Kaukasus leben zahlreiche kryophile Algen, die dem Schnee und Eis verschiedene Färbungen geben (204). Die Himalaja-Scharten wachsen in Höhen über 5000 m ü.d.M. und ihre dichten wolligen Blütenstände sind eine vollendete Anpassung, die ein Überleben in der eisigen Kälte erlaubt (205).

1 **Rotbiden-Mohrenfalter** (*Erebia euryale*), 2 **Kleiner Fuchs** (*Aglais urticae*), 3 **Frauenmantel** (*Alchemilla fissa*), 4 **Schneemaus** (*Microtus nivalis*), 5 **Alpenfetthenne** (*Sedum alpestre*), 6 **Frühlingskrokus** (*Crocus albiflorus*), 7 **Ruhrkraut** (*Gnaphalium supinum*), 8 **Fabricius-Laufkäfer** (*Carabus fabricii*), 9 **Alpen-Pechnelke** (*Veronica alpina*), 10 **Späte Faltenlilie** (*Lloydia serotina*), 11 **Alpenheide** (*Loiseleuria procumbens*), 12 **Gletscherenzian** (*Gentiana frigida*), 13 **Gelbling** (*Sibbaldia procumbens*), 14 **Nelkenwurz** (*Siewersia reptans*), 15 **Alpenglöckchen** (*Soldanella pusilla*), 16 **Alpen-Wucherblume** (*Chrysanthemum alpinum*), 17 **Gletscher-Hahnenfuß** (*Ranunculus glacialis*), 18 **Hausrotschwanz** (*Phoenicurus ochruros*), 19 **Grün-Erle** (*Alnus viridis*), 20 **Schneehase** (*Lepus timidus*), 21 **Rollfarn** (*Cryptogramma crispa*), 22 **Bewimperte Alpenrose** (*Rhododendron hirsutum*), 23 **Mauerläufer** (*Trichodroma muraria*), 24 **Safranflechte** (*Solorina crocea*), 25 **Becherflechte** (*Cladonia coccifera*), 26 **Sechskantiges Widertonmoos** (*Polytrichum sexangulare*), 27 **Wurmflechte** (*Thamnolia vermicularis*), 28 **Karpaten-Winterhafte** (*Boreus lokayi*), 29 *Chlamydomonas sanguinea*, 30 *Chlamydomonas nivalis*, 31 *Scotiella nivalis* var. *californica*, 32 *Trochiscia americana*, 33 *Koliella chodatii*, 34 **Krautweide** (*Salix herbacea*), 35 **Steinschmätzer** (*Oenanthe oenanthe*), 36 **Kolkrabe** (*Corvus corax*), 37 **Alpendohle** (*Pyrrhocorax graculus*), 38 **Alpenschneehuhn** (*Lagopus mutus*), 39 **Zwergwacholder** (*Juniperus nana*), 40 **Alpendost** (*Adenostyles alpina*), 41 **Moschus-Steinbrech** (*Saxifraga moschata*), 42 **Moos-Steinbrech** (*Saxifraga bryoides*), 43 **Zwergenzian** (*Gentianella tenella*), 44 **Schnee-Enzian** (*Gentianella nivalis*), 45 **Einblütiges Hornkraut** (*Cerastium uniflorum*), 46 **Alpenleinkraut** (*Linaria alpina*), 47 **Steinbock** (*Capra ibex*), 48 **Meirich** (*Minuartia sedoides*), 49 **Alpenmurmeltier** (*Marmota marmota*)

47
48
49
46
45
44
43
42
41
39
40
37
38
23
35
30
29
31
32
33
34
28
24
27
25
26

207 **Die Flechtenflora** um Gletscher und Firnbecken ist sehr artenreich und ähnelt weitgehend der Flechtentundra des hohen Nordens (214). In dieser Artenzusammenstellung fehlen weder Schnee-Schüsselflechte (a), Becher- und Rentierflechte (b, c) *Stereocaulon dactylophyllum* (d) oder Wurmflechte (e).

Die Geburt des Eises

Mit dem Temperaturabfall in größeren Höhen über dem Meeresspiegel erfährt die feuchte Luft in der Atmosphäre eine Abkühlung, sodass sich nach und nach winzige Eiskristalle bilden. Zuerst gefrieren winzige Wassertröpfchen, aus diesen kleinen Kondensationskernen wachsen kleine Eiskristalle und verbinden sich zu Schneekristallen – zu Flocken der verschiedensten Formen mit einer typischen sechszähligen Symmetrie (211). Über ihre Größe entscheiden Temperatur und Luftfeuchtigkeit, Luftdruck und Wind. Nach dem Niederschlag auf die Erdoberfläche häufen sich die Flocken, doch schon in einer frischen, lockeren Neuschneeschicht setzt ihre allmähliche Veränderung, ihre Festigung ein. Mit zunehmender Dicke der Schneedecke werden die Eiskristalle infolge des Gewichts zermalmt, sodass die Luft aus ihnen herausgedrückt wird. Die unterschiedlichen Schneekristalle verwandeln sich in Kugelgebilde und bei abwechselndem Tauen und Gefrieren in Eiskörner (211). Der Schnee nimmt eine Grobkornstruktur an, er verwandelt sich zu Firn. Nach wiederholtem Schneefall und Temperaturschwankungen entsteht eine geschichtete, häufig mehrere Meter mächtige Schneedecke, in deren unteren Lagen die Firnkörner schließlich zusammengepresst und so dicht verbunden werden, dass die letzten Luftreste in gefrorenen Poren eingeschlossen bleiben; so verwandelt sich der Firnschnee in Firneis. Das geschieht an Stellen, an denen die gesamte Jahresschneemenge nicht mehr rechtzeitig auftauen kann, beispielsweise im Polargebiet oder im Hochgebirge auf der Nival- und Subnivalstufe, oberhalb der so genannten Schneegrenze, über der der Schnee langfristig liegt. In den Alpen verläuft die Schneegrenze bei 3000 m ü.d.M., im Himalaja bei 6000 m ü.d.M.). In diesen Höhen sammelt sich auf den Bergen neuer Schnee, der Prozess wiederholt sich, und die Eisschicht nimmt von Jahr zu Jahr zu. Lockerer Schnee hat eine Dichte von 0,01 g/cm^3, Firn 0,55 g/cm^3 und Eis 0,9 g/cm^3. Bei einer Dicke von 30-50 m gewinnt das Eis völlig neue physikalische Eigenschaften und setzt sich auf dem Hang infolge der Schwerkraft in gleitende Bewegung, wobei es sich immer weiter zu durchsichtigem, luft- und wasserundurchlässigem Gletschereis verfestigt.

So entstehen Gletscher im Hochgebirge, aber auch die Kontinentalgletscher an den Polkappen. Alle zusammen binden in gefrorenem Zustand über 75 % der gesamten Wassermenge auf dem Festland und nehmen 10 % der Erdoberfläche ein. In den Eiszeiten waren es sogar über 30 %.

Ein unermüdlicher Bildhauer

Eis prägt die Gestalt von Gebirgslandschaften mit deutlichen Spuren. Fließende Gletscher hobeln, schleifen, modellieren und formen auf ihrer langsamen Wanderung die Oberflächen von Hängen und Tälern. Durch den Druck ihrer Masse von 200-400 t pro m^2 haben sie dazu ein vorzügliches Werkzeug. Mit im Eis eingeschlossenen Steinblöcken, die sie vor oder unter sich herschieben, können sie die Unterlage im wahrsten Sinne des Wortes umpflügen. Sie modellieren breite Gletschertäler (Trogtäler), die mit der Zeit einen weiten U-Querschnitt annehmen. Scharfe Bergrücken oder -kämme sind oft das Werk von zwei oder mehreren Gletschern, die ein Bergmassiv gegenläufig modellieren. Gletscher sammeln vor sich, unter sich und

208 **Seit vielen Jahrtausenden** formen Gletscher die Hochgebirgslandschaft. Zu den Ergebnissen ihrer gewaltigen Erosionstätigkeit gehören unter anderem die wie Amphitheater geformten Gletscherkare am Talausgang (a), scharfkantige pyramidenförmige Bergspitzen b), abgeschliffene Felsrücken und -wände (c), tiefe Gletschertäler mit breitem U-Profil (d), End- (e), Seiten- (f) und Mittelmoränen (g) sowie zahllose Gletscherseen (h). Diese werden von der Gletschermilch, einem milchig-trüben Wasser, das aus dem Gletschertor (i) am Gletscherfuß strömt, gespeist.

an ihren Flanken große Wälle an, die Grund-, End- und Seitenmoränen, die aus unsortiertem Gestein, Erdreich und Sandgemenge bestehen. Diese Masse sperrt ein Tal nicht selten so vollkommen ab, dass nach dem Rückzug des Gletschers hier vom Schmelzwasser blaugrüne Gletscherseen gespeist werden. Die Bewegung des Gletschers ist in seiner Mitte am schnellsten und zu beiden Seiten langsamer, sodass in der ursprünglich kompakten Eismasse tiefe Spalten und an Geländebrüchen mächtige Eisstürze und -türme entstehen, die die dramatische Atmosphäre der vermeintlich reglosen Eisflüsse dokumentieren.

Leben auf Eis und Schnee

Die Oberfläche von Gletschern stellt keinesfalls eine leblose Masse dar. Auf die besonderen Bedingungen an ihrer Oberfläche hat sich sogar eine Eis liebende (kryophile) Pflanzen- und Tiergesellschaft spezialisiert. Die rote, gelbe, grüne oder blaue Färbung kommt durch das verstärkte Auftreten von Blaualgen, Geißeltierchen oder Pilzen zustande (206). Auf der Gletscheroberfläche bewegen sich verschiedene Eis oder Schnee liebende Insekten, wie Springschwänze, Milben, Zweiflügler, Spinnen, Laufkäfer oder Steinfliegen (212). Deren optimale Umgebungstemperaturen liegen zwischen -5 °C und +5 °C, bei höheren Temperaturen gehen sie schnell ein (bei Tag steigt die Temperatur an der Gletscheroberfläche nicht über +0,2 °C). Meist ernähren sie sich von verschiedenen organischen Überresten (Detritus), die der Wind auf die Schneeoberfläche verweht hat. Die Insekten stellen wiederum eine Beute für Vögel und kleine Insektenfresser dar; von den Samen und Pflanzenteilchen ernähren sich Schneemäuse oder Pfeifhasen.

211 **Die Schnee-Diagenese** ist ein besonderer Prozess, bei dem sich in der Schneedecke nach und nach die verschiedenen sechskantigen Schneeflocken in einfache Eiskristalle verwandeln. Durch deren Verbindung und fortschreitende Pressung wird aus dem ursprünglich lockeren Schnee Firn und Firneis – der Anfang eines jeden Gletschers. Während sich diese Umwandlung in den Alpen binnen wenigen Jahren vollzieht, sind in der kalten Antarktis dazu rund 200 Jahre erforderlich. In jedem Fall dauert es Jahrtausende, ehe ein so imposantes Eismonument wie der Hardangerjokulen-Gletscher im Hardangervidda-Gebirge, Norwegen (208) zustande kommt.

212 **Diese frostharten Wintergäste** vertragen ohne sichtliche Probleme die ständig niedrigen Temperaturen auf der Schnee- und Eisoberfläche und finden hier auch noch genügend Nahrung. Aus der großen kryophilen Insektengruppe sind es einige Springschwänze, z.B. *Entomobrya nivalis* (a), *Isotomurus palliceps* (b) und der Gletscherfloh *Isotoma viridis* (c), die sich mittels einer besonderen Sprunggabel fortbewegen, die Schneefliege (d) und die Winterhafte (e). Bei den letzten beiden Arten sind im Lauf ihrer Anpassung die Flügel gänzlich verkümmert, denn die wären auf der feuchten Eisoberfläche eher hinderlich.

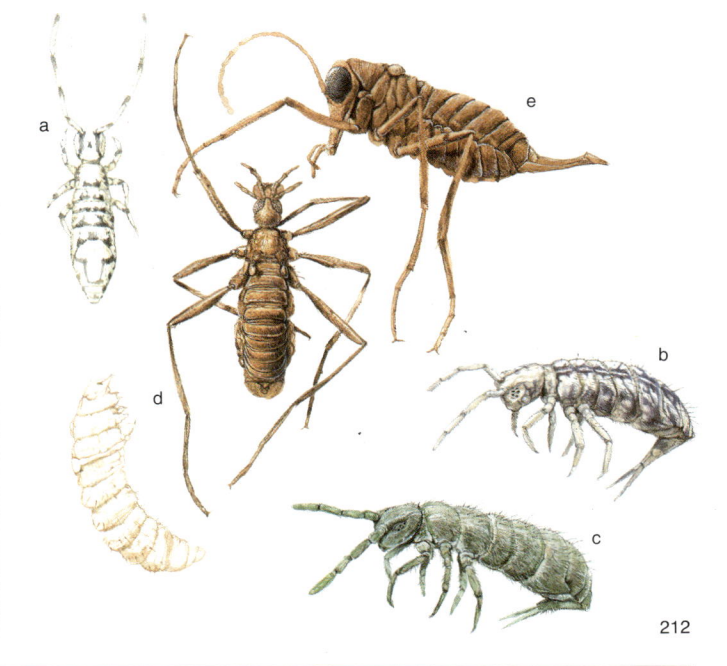

213

Kälte liebende Gesellschaften

An den Rändern der Dauerfirnbecken in tieferen Geländeeinschnitten oder auf schattigen Nordhängen haben sich ebenfalls eigenwillige Pflanzengesellschaften angesiedelt. Sie haben sich nicht nur den niedrigen Temperaturen und dem vom Schmelzwasser aus den Firnbecken dauernassen, kargen Boden angepasst, sondern vor allem auch an eine extrem kurze Vegetationszeit. Frühling, Sommer und Herbst wechseln sich binnen wenigen Wochen ab; kein Wunder also, dass manche ungeduldigen Pflänzchen wie Alpenglöckchen, Primel, Hahnenfuß oder Gegenblättriger Steinbrech quasi auf dem Schnee blühen. Die meisten halten ihre Blütenknospen schon seit dem Herbst bereit, sodass einige wenige Tage oder sogar nur Stunden Sonne genügen, um sie aufblühen zu lassen.

Die Vegetationszusammensetzung der Schneefelder oder Schneemulden, wie die Stellen mit der am längsten liegenden Schneedecke heißen, hängt davon ab, wie lange der Schnee liegen bleibt. Die zuletzt abgetauten Stellen sind meist nur mit dichten Moosgewächsen bedeckt, vor allem mit dem Sechskantigen Widertonmoos, dem grauen Lebermoos *Anthelia jurackana*, das sich seine Nahrung durch die Symbiose mit Bodenpilzen aufbessert, mit den olivgrünen Thallen der Safranflechte *Solorina crocea*, deren Unterseite leuchtend orangerot ist, oder mit der grauweißen Wurmflechte (206).

216

Ein paar Meter weiter findet man bereits eine bunte Gefäßpflanzengesellschaft. Normalerweise fehlt darin nie die Krautweide, die Carl v. Linné zutreffend *minima inter omnes arbores* – das kleinste unter allen Gehölzen – genannt hat; ihre Miniatursträucher kopieren

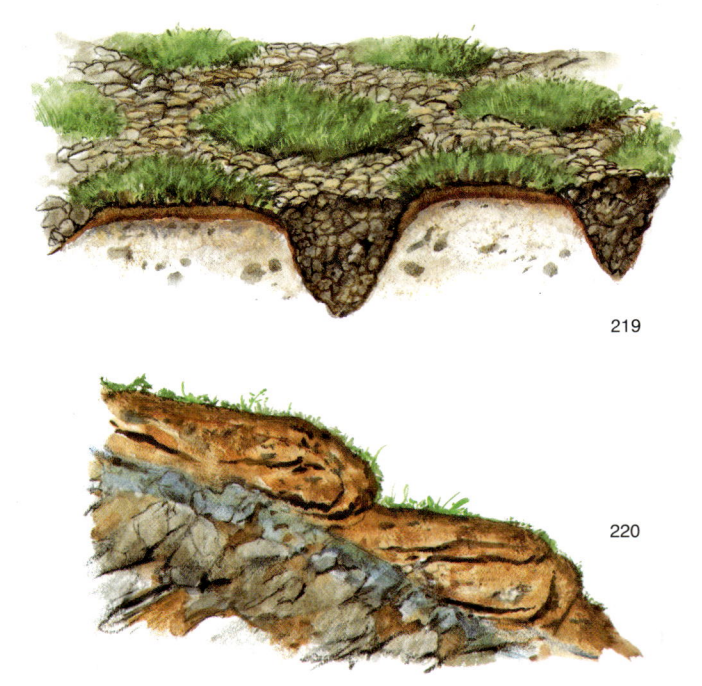

Eisnadeln wachsen auf der Oberschicht von feuchten und weitgehend ausgekühlten Böden (218). Bei ihrer Entstehung (nachts) und durch ihr Schmelzen am Tag lockern sie den Boden auf und verschieben Steine. Gefrorenes Wasser ist auch eine Ursache für die langsame gravitationsbedingte Bewegung auf feuchten Hängen, auf denen es in Zeiten schneller Temperaturwechsel über und unter den Nullpunkt zum Rutschen der aufgetauten Schichten auf der gefrorenen Unterlage kommt (220, Bodenfließen oder Solifluktion). Gefrieren und Auftauen von Wasser ruft im Boden auch Bewegungen hervor, deren Ergebnis aus der Sortierung von Feinerde, Feinkies und größeren Brocken in eigenartige Steinpolygone besteht (219). All diese kryogenen Prozesse im Boden üben nachhaltigen Einfluss auf die Hochgebirgsvegetation aus.

218

219

220

214

215

genau die Bodenoberfläche. Obgleich der Boden unter den Schneefeldern nährstoffarm ist, da sich abgestorbene organische Reste hier wegen der geringen Tätigkeit von Mikroorganismen im kalten Boden nur schlecht zersetzen, wachsen dort die verschiedensten Steinbrecharten und Zweihäusiger Sauerampfer. Weiß blühen das Einblütige Hornkraut, die Achtblättrige Silberwurz, die Alpen-Wucherblume, die Späte Faltenlilie, das Alpen-Schaumkraut und der Gletscher-Hahnenfuß. Gelbe Blüten zeigen Zwerg-Hahnenfuß, Alpenfetthenne und Gelbling. Zu den treuen Schneefeld-Begleitern gehören die Alpenglöckchenarten *Soldanella alpina* und *S. pusilla*, der Frühlingskrokus, die Netzweide und weitere Alpenpflanzen.

Bis hoch in die Nivalstufe hinauf sind auch viele Tiere verbreitet. In den Schuttflächen bei den Schneefeldern ist das Alpen-Schneehuhn perfekt getarnt, denn es trägt im Winter weißes Gefieder anstelle des braunen Sommerkleides; ein weißes Fell haben hier auch einige Säugetiere, z.B. der Schneehase und das Hermelin. Auf den Felsen lassen sich Mauerläufer, Alpenbraunellen, Schneefinken, aber auch Dickhornschafe (210) und Steinböcke (206) blicken. Im Wind segeln Alpenkrähe, Alpendohle, Steinadler, Bart- und Mönchsgeier anmutig dahin. Im Himalaja hält sich in Höhen über 5000 m ü.d.M. vorübergehend die Indische Gans auf ihrem Zug auf; die Andengans hingegen lebt dauernd auf den Grasflächen am Rand der Schneefelder in den südamerikanischen Anden. Die Gletschermoränen bieten vielen Nagern Zuflucht: In den Anden sind es Chinchillas und Viscachas, in den Alpen und im Skandinavischen Gebirge Lemminge und Schneemäuse mit langen Schnurrbärten, im Himalaja Kleinwühlmäuse und die nagetierähnlichen Pfeifhasen aus der Familie der Hasentiere. Die meisten sind den ganzen Winter über unter der Schneedecke aktiv und verzehren ihren Vorrat an Gräsern, Sämereien und Würzelchen. Das intensive Graben mancher Nager, etwa der Wühlmäuse, Kleinwühlmäuse und Himalaja-Zwerghamster, lässt sich an einem eigenartigen Mosaik in der Pflanzendecke in der Nähe von Schnee- und Eisflächen deutlich erkennen.

In Gletscher- und Schneefeldnähe sind Relief und Pflanzendecke nachhaltig vom unablässig wiederholten Gefrieren und Auftauen des dauerfeuchten, unterkühlten Bodens geprägt. Bodeneisbildung, Erdfließen und die Entstehung der verschiedenen Steinhügelchen, -furchen und -kränze, die wie ein getreues Abbild der Nordlandtundra wirken, gehören zum Erscheinungsbild dieser höchsten Berglagen, in denen Kälte, Schnee und Eis Lebensrhythmus und -fülle bestimmen.

217

Die unwirtliche Umgebung an der Grenze von Eis, Schnee und Erdboden behagt solchen Kleinodien der Hochgebirgsflora wie der Zwergprimel (215) oder dem Kleinen Alpenglöckchen (216). Die Oberfläche des steinigkargen Bodens haben Kolonien von Becher- und Rentierflechten (214), und Alpen-Habichtskraut (213) besetzt. Die kühlen, dauerfeuchten Böden in der Nähe von Firnbecken werden von blühenden Büscheln aus Gletscher-Hahnenfuß (221 a), Zwerg-Hahnenfuß (221 b) und Schnee-Hahnenfuß (221 c) geschmückt. Im Gegensatz zu diesen Dauergästen besucht die Indische Gans (217) die raue Welt an den Gletscherrändern nur bei ihrem Zug über die Himalajakämme.

221

101

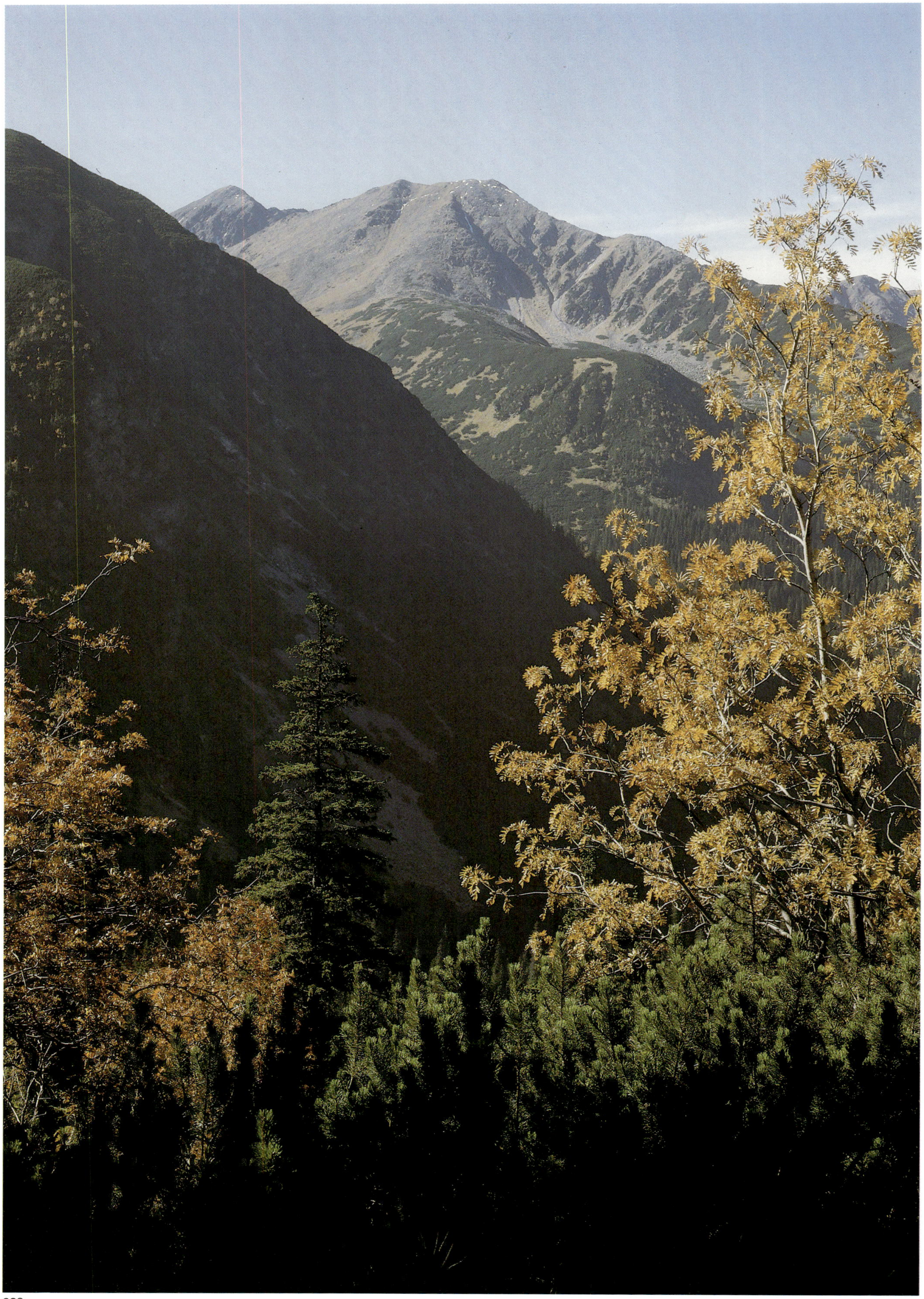
222

Gebrechliches Gleichgewicht

Die Hochgebirge blieben für lange Zeit die letzten Inseln nahezu unberührter Natur inmitten der dicht besiedelten Tiefebenen und Mittelgebirge. Doch im Lauf der Zeit sind die Menschen davon abgekommen, zu den Bergriesen mit ihrem ewigen Schnee in Ehrfurcht und Demut aufzublicken und sie als unantastbare Wohnstätten großer Gottheiten anzusehen. Nach und nach entdeckten die Menschen den ungeheuren Reichtum der Berge. Sie erkannten, dass die Gebirge Quellen mit Leben spendendem Wasser, Wiesen mit Heilkräutern, Wälder voller Wild, Bau- und Brennholz sowie Lagerstätten kostbarer Mineralien bergen.

Längs der Flussläufe drang der Mensch immer tiefer in die Gebirgstäler vor, legte Wege an und baute die ersten Bergdörfer. Anfangs ernährte er sich von Holzschlag, Jagd und Bergbau, wobei er die entwaldeten Flächen rings um seine Ansiedlungen unablässig erweiterte. So entstanden die ersten Almwiesen, auf denen unsere Vorväter Schafe, Ziegen, Pferde und Rinder weideten und Heu machten. Die Bewirtschaftung der Bergwiesen hat die Gestalt der Berglandschaft nachhaltig verändert. Von Menschenhand sind hier über viele Jahrhunderte hinweg eigenwillige Ökosysteme mit halben Natur- bis Kulturbergwiesen entstanden, deren ständige Bearbeitung das wirtschaftliche, kulturelle und auch religiöse Leben der Bergbewohner nachhaltig geprägt hat.

Die Rodung der Wälder mit Axt und Feuer zog in vielen Gebirgen der Welt geradezu katastrophale Folgen nach sich. Davon zeugen so manche Gebirge in Südeuropa oder Zentralasien, auf deren entwaldeten Hängen die Wassererosion ihr Zerstörungswerk vollendet hat. Der Himalaja wird in unserer Zeit von diesem Prozess erfasst. Millionen Hektar Bergmischwälder im Nordwesten der USA wurden im Zuge des Städtebau- und Industriebooms auf dem nordamerikanischen Kontinent gerodet. Nachträgliche Bemühungen, Wälder wieder aufzuforsten, bringen durchaus nicht immer Erfolg. Das kann man am Beispiel der mitteleuropäischen Gebirge ablesen, deren Mischwälder im 18. und 19. Jahrhundert Axt und Säge zum Opfer fielen und später durch genetisch und ökologisch ungeeignete Fichtenmonokulturen ersetzt wurden. Die jäh zunehmende Luftverschmutzung in den letzten Jahrzehnten brachte das große Sterben vor allem über solche Wälder, denn von allen Nadelbäumen verträgt die Fichte Industrie-Emissionen besonders schlecht. Emmissionsgeschädigte Wälder fallen überdies schneller Insektenschädlingen zum Opfer.

Raubbau an Wald und Wild haben die europäische Gebirgslandschaft um eine Reihe großer Raubtiere ärmer gemacht, so z.B. um Bär, Wolf und Luchs. In Kombination mit der bevorzugten Jagd auf ausgewählte Tierarten hat dies zur Überhandnahme der großen Wald-Pflanzenfresser geführt, die ungeheure Schäden an den Baumbeständen anrichten. Der klägliche Zustand der mittel-europäischen Bergwälder kann als Schulbeispiel für die unabsehbaren Folgen einer Störung der herrschenden komplizierten ökologischen Beziehungen in der Natur gelten.

Vergleichbare Probleme kommen jetzt auch auf die Bergwiesen zu, die in früheren Zeiten für ihren Artenreichtum berühmt waren. Aus verschiedenen Gründen wird ihre regelmäßige Bewirtschaftung immer mehr aufgegeben, was nicht nur zur schnellen Verwilderung der Wiesen, zum Schwund seltener Alpen-

Land der Achttausender, Wasserfälle und Reisfelder. Das sind Slogans aus Touristik-Werbeprospekten über Nepal. Zwar sagen sie die Wahrheit, doch verschweigen sie dezent die Gefahr, die den Himalajahängen droht, auf denen schon über 70 % aller Wälder vernichtet wurden. Infolge von Landwirtschaft und Holzschlag für den Bedarf der boomenden Touristik sind die Berghänge ernsthaft durch katastrophale Erdrutsche gefährdet. Die Steilhänge mit den winzigen Terrassenfeldern haben zwar für den Besucher einen eigentümlichen Zauber, drücken zugleich aber die harte Realität der armen Entwicklungsländer aus, die die Folgen der Bevölkerungsexplosion und entsprechenden Nahrungsbedarf auf Kosten der Natur lösen (223, 224, 225). Berghängen mit einer typischen Verteilung von Laub- und Nadelbäumen kommt nicht nur eine bedeutende Rolle im Hinblick auf den Bodenschutz auf Steilhängen zu, sie demonstrieren auch die vollendete Harmonie der Hochgebirgsnatur (Hohe Tatra, Slowakei, 222).

223

224

225

Die Alpenhänge werden schon seit Jahrhunderten für Alm- und Wiesenwirtschaft genutzt, ohne ihrer Natur merklichen Schaden zuzufügen. Zwar haben die Wälder abgenommen und die obere Waldgrenze ist vielerorts gesunken, doch hat sich auf der anderen Seite ein ausgeprägtes Kolorit herausgebildet: blühende Almwiesen, Heustadel, Almhütten, weidende Schafe oder Kühe sind aus dem Bild des europäischen Hochgebirges nicht wegzudenken (227, Nationalpark Gran Paradiso in den italienischen Alpen; 226, Hänge des Mangrt in den Julischen Alpen, Slowenien; 228, Sommeralm am Hang der Hohen Tauern, Österreich).

Luftverschmutzung und saurer Regen stellen die größte Gefahr für die Wälder in Mitteleuropa dar. Übersäuerung der kargen Bergböden, Verdorren und vorzeitiger Abfall der Nadeln, wenig Baumsamen mit geringer Keimfähigkeit, Ausbreitung invasiver Grasarten und verminderte Fähigkeit eines kranken Waldes, sich gegen zunehmende Schädlinge zu wehren – das ist die triste Wirklichkeit in den mitteleuropäischen Gebirgen – im Riesengebirge (231), Erzgebirge, Harz oder den Vogesen. Sogar die wesentlich resistenteren Latschenkieferbestände sind im Riesengebirge mancherorts so geschwächt, dass eine Zunahme der Kiefernbuschhorn-Blattwespe mit folgendem Kahlfraß durch deren Raupen die befallenen Sträucher zum Absterben bringen kann (230). Wesentlich gesünder sind die Wälder in Kalksteingebirgen, in denen die günstigere Zusammensetzung des Waldbodens die Auswirkungen von Luftverschmutzung und saurem Regen bremst (229; Lärchen an der oberen Waldgrenze im Triglav-Gebiet, Julische Alpen).

pflanzenarten und zur Ausbreitung botanisch und wirtschaftlich wertloser Unkräuter führt, sondern auch zur langsamen Ausbreitung von Gehölzen durch Flugsamen. Dabei stellen die Alpenwiesen ungeachtet der Tatsache, dass sie überwiegend Kultur- oder Halbkultur-Ökosysteme sind, einen wertvollen Bestandteil der Hochgebirgslandschaft dar, und das nicht nur wegen ihrer botanischen und landwirtschaftlichen Bedeutung, sondern vor allem wegen ihres Landschaftsgestaltungs- und Erholungswertes.

Schon während des 19. Jahrhunderts haben sich die Bergbewohner immer mehr auf die verschiedensten Dienstleistungen in der Touristik- und Fremdenverkehrsbranche umgestellt, denn in jener Zeit wurden die Gebirge als Erlebnis-, Erholungs- und Sportlandschaft entdeckt. So setzte die Ära des Fremdenverkehrs ein, der heute aus einer Gebirgslandschaft nicht mehr wegzudenken ist. Im Zuge dieses Booms wurde und wird in den Bergen gebaut – neue und andere Wege, Straßen und Pensionen bis hin zu

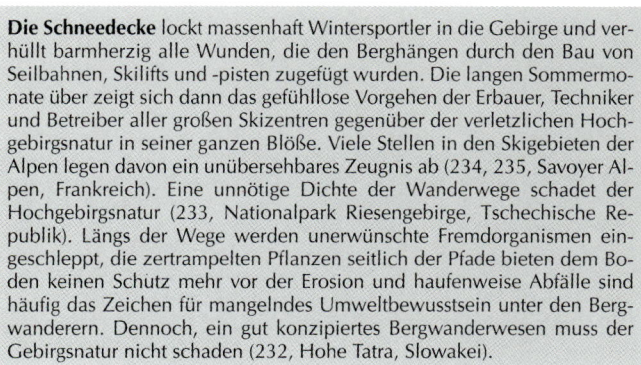

Die Schneedecke lockt massenhaft Wintersportler in die Gebirge und verhüllt barmherzig alle Wunden, die den Berghängen durch den Bau von Seilbahnen, Skilifts und -pisten zugefügt wurden. Die langen Sommermonate über zeigt sich dann das gefühllose Vorgehen der Erbauer, Techniker und Betreiber aller großen Skizentren gegenüber der verletzlichen Hochgebirgsnatur in seiner ganzen Blöße. Viele Stellen in den Skigebieten der Alpen legen davon ein unübersehbares Zeugnis ab (234, 235, Savoyer Alpen, Frankreich). Eine unnötige Dichte der Wanderwege schadet der Hochgebirgsnatur (233, Nationalpark Riesengebirge, Tschechische Republik). Längs der Wege werden unerwünschte Fremdorganismen eingeschleppt, die zertrampelten Pflanzen seitlich der Pfade bieten dem Boden keinen Schutz mehr vor der Erosion und haufenweise Abfälle sind häufig das Zeichen für mangelndes Umweltbewusstsein unter den Bergwanderern. Dennoch, ein gut konzipiertes Bergwanderwesen muss der Gebirgsnatur nicht schaden (232, Hohe Tatra, Slowakei).

riesigen Hotels. Auf den Hängen wachsen Wälder aus Schlepplift- und Seilbahnmasten, die Latschenkieferbestände und Almwiesen werden von Skipisten durchfurcht. Sommer wie Winter überschwemmen Touristenmassen die Hänge aller bekannten Gebirge und unter diesem massiven Angriff wandelt auch die Gebirgsnatur ihr Aussehen.

Der Fremdenverkehr mit seinen Sommergästen, Wintersportlern und Schlachtenbummlern stellt in den Bergen für die dortige einheimische Bevölkerung die einzige zukunftsträchtige Erwerbsquelle dar. Um ihn zu einer auf Dauer haltbaren Einnahmequelle zu machen, muss er in seiner Entwicklung das Fassungs- und Be-

105

235

lastungsvermögen der Berglandschaft respektieren und darf nicht einfach deren Natur-, Geschichts- und Kulturwerte niederwalzen. Nebenbei gesagt, die lange Geschichte des Natur- und später Landschaftsschutzes in den verschiedenen Ländern der Erde hat gerade in den Gebirgen ihren Ausgang genommen, als 1872 im Yellowstone-Gebirge, USA, der erste Nationalpark der Welt errichtet wurde. Seither wurden überall auf der Welt einige tausend Nationalparks eingerichtet und es ist kein Zufall, dass der größte Prozentsatz dieser Parks, d.h. über 40 %, in den Bergen liegt, die trotz allem Druck die letzten, noch relativ unberührten Naturoasen geblieben sind. In den Gebirgen liegen auch zahlreiche Biosphären-Reservationen der UNESCO, in denen auf der Grundlage grenzüberschreitender Zusammenarbeit um eine dauernde Erhaltung gerungen wird.

Aus der Vielzahl der bekanntesten Gebirgsparks wären folgende erwähnenswert: Jasper und Banff in Kanada, Denali, Grand Teton, Olympic oder Yosemite in den USA, Sierra Nevada in Venezuela, Cotopaxi in Ecuador, Huascaran in Peru, Torres del Plain in Chile, Los Glaciares in Argentinien, Abisko in Schweden, Jotunheim in Norwegen, Vanoise in Frankreich, Grand Paradiso in Italien, Engadin in der Schweiz, die Hohen Tauern in Österreich, der Riesengebirgs-Nationalpark in der Tschechischen Republik, Ruwenzori und Kilimandscharo in Afrika, Sagarmatha in Nepal, Fudschi-Itakone-Izu in Japan, Ju-Schan in China, Kosciusko in Australien, Mount Cook auf Neuseeland und viele andere.

Scharfe Gesetze und Naturschutzbestimmungen für die Nationalparks in den Gebirgen sind eine wichtige Errungenschaft und ansatzweise auch eine Garantie, dass deren Naturschätze erhalten bleiben. Daneben besteht aber dringendster Bedarf, dass alle, die auf die Schatzkammer der Gebirge zugreifen auch die nötige Weisheit, Voraussicht, Empfindsamkeit und Verständnis für die besondere Welt der Berge aufbringen.

237

236

Die raue Bergwelt hat in jeder Hinsicht den Lebensstil ihrer Bewohner geprägt. Demut und Bescheidenheit sprechen aus der Architektur der Kirchlein und Kapellen, die über die Hänge der Julischen Alpen verstreut liegen (236, Umgebung von Bled, Slowenien). Am Baustil der alten Holzhäuser in den Bergen, an der Anordnung ihrer gut vor Wind und Schnee geschützten Türen und Fenster kann man bewundern, wie vollendet unsere Vorfahren sich in der Gebirgsnatur zu helfen wussten und mit welcher Präzision sie ihre Häuser auf den Berghängen platzierten (238, Riesengebirge, Tschechische Republik). So etwas kann man gewiss nicht vom architektonischen Empfinden des Menschen behaupten, der es fertig brachte, mitten in eine Streusiedlung aus klassischen Berghäusern ein riesiges Hotelhochhaus zu bauen und so für alle Zeiten das harmonische Bild des Tales zu verderben (237, Riesengebirge). Der Schutz der Bergwelt darf sich nicht ausschließlich auf reinen Naturschutz beschränken, also auf den Schutz von Pflanzen, Tieren, bemerkenswerten Wind-, Frost-, Eis- und Wasserbildungen, sondern muss auch Werke von Menschenhand schützen und respektieren – das in der Gebirgslandschaft von Generationen unserer Vorfahren geschaffene Kulturerbe. Die Welt der Berge ist nämlich eine komplizierte natur-, geschichts- und kulturbehaftete Gesamtheit, deren vernünftige Nutzung nicht nur zur Pflicht, sondern im wahrsten Sinne des Wortes zur Lebensnotwendigkeit jedes Gebirgsbesuchers werden sollte.

238

Verzeichnis der lateinischen Tier- und Pflanzennamen

Abies alba 16
Acanthis flammea 31
Acer pseudoplatanus 16, 31
Aconitum callibotryon 40, 80
Actitis hypoleucos 80
Adenostyles alliariae 40, 80
A. alpina 96
Aegolius funereus 20
Aeschna 75
Aglais urticae 96
Agonum ericeti 70
A. sexpunctatum 40
Agrion virgo 80
Alcedo attis 80
Alchemilla alpina 53
A. fissa 96
Allium sibiricum 62
Alnus viridis 31, 96
Amaurobius fenestralis 26
Ameletus inopinatus 62
Amphidinium amphidinioides 70
A. elenkinii 70
Ancylus fluviatilis 80
Androsace helvetica 53
Anisothecium squarosum 62
Anser anser 89
A. fabalis 98
Anthelia jurackana 100
Anthoxanthum odoratum 40
Anthus pratensis 31, 40, 70
A. spinoletta 31, 53, 62
A. trivialis 31
Apodemus flavicollis 16, 20
Aquila chrysaetos 53
Araneus marmoreus 40
Araucaria 19
Arctosa alpigena 70
Arion rufus 16, 20
Armillaria mellea 20, 26
Asarum europaeum 16
Asio otus 16
Asplanchna 89, 90
Asplenium viride 62
Astacus torrentium 80
Aster alpinus 40, 52
Athyrium distentifolium 31
A. filix-femina 16

Baeothryon austriacum 70
Baetis 81
Bartsia alpina 62
Batrachium aquatile 89
Betula carpatica 31, 70
B. nana 70
Bielzia coerulans 26
Birgeria 55
Blechnum spicant 31
Boletus edulis 16
Boloria pales 40
Bonasa bonasia 31
Boreus lokayi 96
Branta leucopsis 89
Bubo bubo 16
Bufo bufo 62
Bythinella austriaca 80

Calamagrostis villosa 16, 31, 40
Calidris minuta 89
Calluna vulgaris 70
Calocera viscosa 26
Calosoma sycophanta 20
Caltha palustris 80
Campanula alpina 40
C. cochleariifolia 53
Cantharellus cibarius 16
Capra ibex 53, 96
Capreolus capreolus 16
Carabus auronitens 26
C. fabricii 96
C. intricatus 16
C. menetriesii 70
C. violaceus 20
Cardamine armara 81
Carex rostrata 89
Carpodacus erythrinus 31
Cepaea vindobonensis 20
Cephaleia abietis 22
Cerastium uniflorum 96
Cercopis sanguinolenta 40
Certhia familiaris 16, 20
Cetraria glauca 20, 31, 70
Chamaesiphon 84
Charadrius dubius 80
Chironomidae 89
Chlamydomonas nivalis 96

C. sanguinea 96
Chlorosplenium aeruginascens 26
Chroococcus 84
Chrysanthemum alpinum 53, 96
Chrysomela 52
C. lichenis 80
Chrysosplenium alternifolium 62
Cicerbita alpina 40, 80
Ciconia nigra 16
Cinclus cinclus 79, 80
Cirsium heterophyllum 40
Cladonia 52
C. coccifera 96
C. rangiferina 26
Clausilia 16
Clethryonomys glareolus 31
Closterium 89
Cochlodina laminata 16, 20
Collembola 16, 23, 26
Columba oenas 20
Comarum palustre 70
Coregonus lavaretus 89
Cornus suecica 70
Corvus corax 16
Cosmarium broomei 70
Crenobia alpina 81
Crepis jacquinii 62
Crocus albiflorus 40, 96
Cryptogramma crispa 31, 96
Cyclops strenuus 89
Cygnus cygnus 89
C. olor 89
Cyrnus 82

Dactylorhiza fuchsii subsp. *psychrophila* 62
Delphinium elatum 62
Dendrocopus major 20
Dentaria enneaphyllos 16
Deschampsia caespitosa 40
D. flexuosa 16
Diatoma anceps 80
Dicranum scoparium 20
Dimerocrinites 55
Diphasiastrum alpinum 31
Ditiscus marginalis 89
Dodecatheon pulchellum 45
Dorcus parallelopipedus 20
Draba aizoides 52
D. pyreneica 53
Drosera rotundifolia 62, 70
Dryas octopetala 52
Dryocopus martius 16, 20
Dryopteris austriaca 31

Ecdyonurus venosus 81
Ecnomus 82
Edraianthus graminifolius 52
Entomobrya nivalis 99
Ephemera vulgata 80
Ephemeroptera 80, 81, 89
Epilobium alsinifolium 62
Erebia euryale 96
Erinaceus europaeus 16
Eriophorum angustifolium 70
E. scheuchzeri 89
E. vaginatum 70
Erithacus rubecula 16
Erytrichium nanum 53
Euastrum verrucosum 70
Eudromias morinellus 40, 70
Eunotia sudetica 80
Evernia prunastri 20

Fagus sylvatica 16
Falco columbarius 53, 70
F. tinunculus 53
Festuca rubra 40
Ficedula hypoleuca 16
Filinia 90
Fissidens cristatus 62
Fitzroya 19
Fomes fomentarius 20
Fontinalis antipyretica 80
Formica fusca 20
F. rufa 16, 20

Galerina paludosa 70
Ganoderma applanatum 20
Garrulus glandarius 16
Gavia arctica 89
Gentiana acaulis 53
G. asclepiadea 31
G. clusii 40, 53
G. depressa 45

G. frigida 96
G. lutea 31
G. pannonica 31
G. punctata 31
Gentianella nivalis 96
G. tenella 96
Geranium sylvaticum 40
Geum reptans 57
Glis glis 20
Globularia cordifolia 52
Glomeris hexasticha 26
Gnaphalium supinum 96

Halesus 82
Hieracium alpinum 53
Hippuris vulgaris 89
Holcus mollis 40
Homogyne alpina 31
Huperzia selago 31
Hutchinsia alpina 53
Hydrurus foetidus 84
Hylocomium splendens 26
Hypogymnia physodes 16, 26

Ips typographus 16, 22
Ischyropsalis hellwigii 80
Isophya pyrenaea 40, 62
Isotoma viridis 99
Isotomurus palliceps 99

Julus terrestris 20, 26
Juniperus nana 96

Keratella 90
Koliella chodatii 96

Lacerta vivipara 31, 53, 70
Lagopus mutus 96
Lecanora 54
Leccinum testateoscabrum 70
Leontopodium alpinum 53
Leptura rubra 20
Lepus timidus 96
Libella depressa 80
Limnaea stagnalis 89
Limnophilus 82
Limosa limosa 89
Linaria alpina 52, 96
Liparus glabrirostris 40, 80
Lithobius forficatus 20, 26
Lloydia serotina 52, 96
Loiseleuria procumbens 96
Lonicera nigra 16
Lotus corniculatus 40
Loxia curvirostra 31
Lumbricus terrestris 16, 40
Lunaria rediviva 16
Luscinia svecica svecica 70
Lutra lutra 80
Luzula sylvatica 16
Lycaena virgaureae 40
Lycoperdon pyriforme 26
Lycopodium annotinum 31
Lymantria monacha 16, 20, 22
Lyrurus tetrix 31
Lytoceras 55

Marmota marmota 96
Martes foina 20
M. martes 16
Melolontha melolontha 16
Melosira 84
Menyanthes trifoliata 70
Microspora 84
Microtus agrestis 62, 70, 81
M. arvalis 16
M. nivalis 96
M. subterraneus 16
Minuartia sedoides 96
Mitrula paludosa 70
Mnium punctatum 20
Molinia coerulea 66
Monticola saxatilis 53
Motacilla alba 80, 89
M. cinerea 40, 80, 89
Muscardinus avellanarius 16
Mustela erminea 31, 40, 53
Myotis bechsteini 20
Myriophyllum alternifolium 89

Nardus stricta 40
Nebria gyllenhali 31, 40, 81
Necrophorus vespillo 16
Nematodes 16
Neodiprion sertifer 22

Neomys fodiens 80
Notonecta 75
N. glauca 89
Numenius tenuirostris 89
Nummulites 55
Nuphar lutea 89

Odonata 70
Odontocerum 82
Oenanthe oenanthe 53, 96
Otiorrhynchus niger 222
Oxalis acetosella 16
Oxycoccus microcarpus 70
Oxyria dygina 57

Panaxia quadripunctaria 40
Pandion haliaetus 89
Papaver burseri 53
Pardosa sphagnicola 70
Parnassia palustris 62
Parnassius apollo 40, 53
Parus ater 16
P. caeruleus 16, 20
P. cristatus 16
P. major 20
Pecten 55
Pedicularis lapponica 70
P. oederi 70
P. sudetica 70
P. verticillata 62
Peltigera 52
P. canina 20
Perla abdominalis 81
Petasites albus 80
P. hybridus 80
P. officinalis 80
P. paradoxus 80, 85
Phalaropus fulicarius 89
Phallus impudicus 16
Phegopterix connectilis 16
Philonotis fontana 62
P. seriata 62
Phoenicurus ochruros 52, 96
Pholiota squarrosa 26
Phyllodoce caerulea 34, 74
Phylloscopus bonelli 20
P. trochilus 31
Physoplexis comosa 52
Picea abies 16, 31
Picus viridis 20
Pinguicula alpina 52, 62
P. vulgaris 70
Pinularia 80
Pinus mugo 31, 34–35
Pissodes harcyniae 22
Plebejus argus 40
Plecoptera 80, 89
Pleurosium schreberi 26
Pluvialis apricaria 70
Podocarpus 19
Polyartha 90
Polycelis cornuta 81
Polygonatum verticillatum 31
Polygonum viviparum 52
Polypodium vulgare 16
Polyporus squamosus 20
Polytrichum commune 16
P. sexangulare 96
Porcellio scaber 26
Potamogeton alpinus 89
P. gramineus 89
Potentilla aurea 40
P. nitida 53
Prenanthes purpurea 16
Primula auricula 53
P. marginata 44, 53
P. minima 53, 62
P. wulfeniana 44
Prunella collaris 53, 62
P. modularis 44
Psilocybe uda 70
Psophus stridulus 40
Pterostichus negligens 70
P. burmeisteri 40
Pulsatilla alba 53
P. vernalis 53
Pyrrhocorax graculus 53, 96
P. pyrrhocorax 53

Ramonda myconi 52
Rana temporaria 62, 81, 89
Ranunculus alpestris 62
R. glacialis 96
R. montanus 40
Rhacomitrium canescens 52

Rhodiola rosea 53
Rhododendron ferrugineum 31
R. hirsutum 96
Rhyacophila septentrionalis 80
Rhyssa persuasoria 16, 20
Ribes petraeum 31
Rivulogammarus fossarum 81
Rosalia alpina 20
Rubus arcticus 70
R. chamaemorus 70
Rupicapra rupicapra 53
Russula cyanoxantha 16

Sacchiphantes abietis 22
Salamandra salamandra 16, 80
Salix herbacea 96
S. reticulata 52
S. silesiaca 31
S. sp. div. 80
Salmo gairdneri irideus 89
S. trutta morpha fario 80, 89
Saxifraga aizoides 53, 62
S. aretioides 58
S. biflora 58
S. bryoides 96
S. burseriana 52, 58
S. florulenta 58
S. longifolia 53
S. moschata 52, 58, 96
S. oppositifolia 52
S. porophylla 53, 58

S. stellaris 62
Scaeva pyrastri 20
Schoenoplectus lacustris 89
Sciurus vulgaris 16, 20
Scolopax rusticola 89
Scotiella nivalis var. *californica* 96
Sedum aplestre 96
S. atratum 53
Selaginella selaginoides 62
Sempervivum arachnoideum 53
Senecio nemorensis 31, 40
Sibbaldia procumbens 96
Siewersia reptans 96
Silene acaulis 53
Silo 82
Simulium ornatum 80, 89
Sitta europaea 16, 20
Soldanella pusilla 96
Solorina crocea 96, 100
Somatochlora 80
Sorbus aucuparia 16, 31
S. chamaemespilus 31
Sorex alpinus 31, 40, 80
S. araneus 16, 20
S. minutus 31, 62, 70
Sparganium angustifolium 89
S. minimum 89
Sphaerodinium cintum 70
Sphagnum palustre 70
S. recurvum 70

Sphinx pinastri 20
Staurastrum chaetoceros 70
Stereocaulon dactylophyllum 98
Stereum rugosum 26
Strangalia maculata 16, 20
Suilus variegatus 70
Swertia perennis 62
Synchaeta 90

Talpa europaea 16
Tetradontophora bielanensis 20, 26
Tetrao urogallus 31
Tetropium castaneum 22
Thamnolia vermicularis 96
Thanasimus formicarius 20
Thecodiplosis brachyntera 22
Tichodroma muraria 53, 96
Tofieldia pusilla 62
Tolypothris distorta 84
Tortrix viridana 16
Trametes versicolor 20, 26
Tremella mesenterica 26
Tribonema 84
Trichia varia 26
Trichoptera 70, 81, 89
Trientalis europaea 31, 70
Tringa nebularia – juv. 89
T. tonatus 89
Triturus alpestris 70, 80
T. vulgaris 80
Trochisicia americana 96

Trollius altissimus 40
Turdus merula 16
T. philomelos 16
T. torquatus 31

Ulothrix 84
Umbilicaria 52, 53
Urocerus gigas 22
Usnea 16

Vaccinium myrtillus 16, 31
V. uliginosum 31, 70
V. vitis–idaea 31, 70
Valeriana sambucifolia 40
Veratrum album subsp. *lobelianum* 80
Veronica alpina 96
V. fruticans 53
Viola biflora 52, 62
V. palustris 70
Viviparus viviparus 89
Vulpes vulpes 16, 20

Xanthoria parietina 20
Xerocomus badius 31
Xylaria hypoxylon 26
X. polymorpha 26

Zeiraphera diniana 16, 22

Verzeichnis der deutschen Tier- und Pflanzennamen

Aakerbeere 70
Adlergeier 51
Ahorn 18, 19, 21, 35
Älchen 24
Alge 89, 91, 95
Alpenampfer 47
Alpenaster 40, 52
Alpen-Aurikel 44, 53, 59
Alpenbärenstaude 57
Alpenbärlapp 31
Alpenbock 20
Alpenbraunelle 53, 62, 101
Alpendohle 53, 96, 101
Alpendost 40, 67, 80, 96
Alpenfetthenne 96, 101
Alpenfettkraut 52, 62
Alpen-Frauenfarn 83
Alpen-Frauenmantel 53
Alpen-Gemskresse 53
Alpenglöckchen 96, 100, 101
Alpenglockenblume 40
Alpen-Grasnelke 57
Alpen-Habichtskraut 53, 101
Alpen-Hahnenfuß 62, 70
Alpenheide 34, 96
Alpenhelm 62
Alpenkrähe 53, 101
Alpen-Kuhschelle 47, 49, 53
Alpen-Laichkraut 89, 93
Alpenlattich 47
–, Gemeiner 31
–, Roter 31
Alpen-Leinkraut 52, 96
Alpenlilie 44, 55
Alpen-Milchlattich 40, 80
Alpenmohn, Bursers 53
Alpenmurmeltier 96
Alpen-Pechnelke 96
Alpen-Pestwurz 80, 85
Alpenrose 19, 34, 36
–, Bewimperte 36, 96
–, Rostrote 31
Alpenscharte 56
Alpen-Schneehuhn 96, 101
Alpen-Schnittlauch 62
Alpensegge 47
Alpenspitzmaus 31, 40, 80
Alpen-Wucherblume 53, 96, 101
Ameisenbuntkäfer 20
Ammonit 55
Amöbe 65
Ampfer 46
Amphibien 91
Andengans 101
Anemone 24, 44, 83
Apollofalter 40, 53, 58, 59
Argali 37
Arnika 43, 46
Asseln 55

Astflechte 16
Auerhuhn 29, 31

Bachflohkrebs 81
Bachforelle 80, 89, 91
Bachhafte 81
Bach-Kegelmoos 66
Bachsaibling 91, 93
Bachstelze 80, 89
Baldrian 67
Balkenschröter 20
Bär 103
–, Russischer 27, 40
Bärchentiere 55, 75
Bärenschote 46, 47
Bärlapp 31
–, Sprossender 31
Bartflechte 16, 54
Bartgeier 17
Baummarder 16
Baumpieper 31
Becherflechte 52, 95, 98, 101
Becherglocke 52
Beckenmoos 66
Bekassine 75
Bergahorn 16, 31
Berghahnenfuß 40
Berglaubsänger 20
Bergmolch 70, 80
Bergveilchen, Gelbes 52
Bharal 37
Bilch 24
Binse 35
Birke 19, 35, 77
Birkenmaus 53, 75
Birkenpilz 77
Birkenrotkappe 21, 70, 77
Birkenzeisig 31
Birkhuhn 31, 75
Birnenschwebfliege 48
Birnenstäubling 26
Bitterklee 24, 70
Blattkäfer 52, 58
–, Blauer 80
Blattlaus 23
Blattwespe 22
Blaualgen 90, 99
Blaubeere 16, 31, 34
Blaugras 42, 46
Blaukehlchen 75, 77
Bläuling 53
Blaumeise 16, 20
Blaustern 24, 25, 44
Blutzikade 40
Bockkäfer 20, 26, 58
Bodenmilben 24
Borkenkäfer 24
Borstgras 40, 42, 47
Brachsenkraut 92

–, See- 90
Brachwespe 23, 46
Braunbär 27
Brennessel 46
Brunnenmoos, Gemeines 80
Buchdrucker 22
Buche 18, 19
Buchenfarn 16
Buntspecht 20
Burst 42
Buschhorn-Blattwespe 22
Butterpilz 21

Chinchilla 48, 58, 101
Clusius-Enzian 40, 45, 53

Dachwurz 55
Dammläufer, Gyllenhals 31, 40
Dickhornschaf 101
Dickkopf-Falter 46
Dolomiten-Fingerkraut 53
Doppelschwänze 24, 25
Dornfarn 83
Dotterblume 65
Douglasie 19, 21
Dukatenfalter 40
Dünnschnabel-Brachvogel 89

Eberesche 16, 31, 35
Edeltanne 16
Edelweiß 53, 56, 58
Eiche 18, 19
Eichensteinpilz 21
Eichhörnchen 16, 20
Einbeere 21
Eintagsfliege 62, 67, 79, 80, 81, 83, 84, 85, 89
Einzeller 65, 90, 91
Eisenhut, Blauer 40, 43, 44, 67, 80
Eisvogel 80, 85
Elritze 91
Engelsüß 16
Ente 91
Enzian 44, 46, 47
–, Brauner 31
–, Deutscher 45
–, Frühlings- 45
–, Gelber 31
-, Pyrenäen- 45
–, Schwalbenschwanz- 44
–, Stängelloser 53
Erdkröte 62, 84
Erdorchidee 47
Erdschnurfüßer 20, 26
Erikazeen 34
Espe 19
Espenrotkappe 21
Etagenmoos 26

Faltenlilie, Späte 52, 96, 101
Felsen-Ehrenpreis 53
Felsen-Johannisbeere 31
Fels-Schüsselflechte 54
Fetthenne 53, 55, 59
Fetthennen-Steinbrech 53, 62
Fettkraut 65
Feuerlilie 47
Feuersalamander 64, 66, 80
Fichte 16, 18, 19, 31
Fichten-Dickmaulrüssler 22
Fichtengallenlaus 22
Fichten-Gespinstblattwespe 22
Fichtenkreuzschnabel 27, 31
Fichtenrüssler 22
Fichtensplintbock 22
Fieberklee 70, 74, 77
Fingerkraut 44, 46, 47, 55
–, Glänzendes 53
Fischadler 89, 92
Fische 55, 85, 91
Fischotter 79, 80, 84, 85, 91
Fitis 31
Flämmling 74
Fleckenfalter 42
Fliege 23
Flohkrebs 66
Flügelmoos 66
Flusskrebs 20
Fluss-Napfschnecke 80
Flussregenpfeifer 80
Flussuferläufer 20
Forelle 79, 84, 91
Fransenflügler 23
Frauenmantel 53, 96
Frauentäubling 16
Frosch 66, 82, 85
Froschkraut 89
Frühlingskrokus 40, 96, 101
Frühlings-Küchenschelle 53
Frühlings-Kuhschelle 47, 49
Fuchs, Kleiner 96

Gabelzahnmoos 20
Gallertzitterpilz 26
Gams 53, 57, 59
Gamsblüh, Gemeiner 40
Gans, Indische 101
Gebirgs-Frauenfarn 31
Gebirgsstelze 40, 80, 89
Geißblatt 16
Geißeltierchen 99
Geißklee-Bläuling 40
Gelbflechte 20
Gelbhalsmaus 16, 20
Gelbling 96, 101
Gelbrandkäfer 89, 92
Gelbstern 24, 25
Germer, Weißer 80

108

Gletscherenzian 45, 96
Gletscherfloh 99
Gletscher-Hahnenfuß 96, 101
Glockenblume 46, 47, 55, 57
–, Kleine 46
Goldfingerkraut 40
Gold-Grannenhafer 42
Goldleiste 20
Goldregenpfeifer 70, 75, 87
Grannenhafer 42, 46
Grasfrosch 60, 62, 66, 81, 84, 89
Graugans 89
Greiskraut 37, 44
–, Graues 47
Griffithlärche 19
Grizzlybär 92
Groppe 84
Grünalge 90
Grün-Erle 31, 96
Grünschenkel 89, 91
Grünspecht 20
Guanako 37

Habichtskraut 44, 46, 47
Hahnenfuß 46, 47, 100
Hain-Kreuzkraut 31, 40
Hainsimse 16
Hallimasch 20, 25, 26
Hartriegel, Kanadischer 21
–, Schwedischer 71
Haselhuhn 31
Haselmaus 16
Haselwurz 18
Haubenmeise 16
Häubling 74
Hausrotschwanz 52, 96
Hauswurz 59
Hautflügler 75
Heckenbraunelle 31
Heidekraut 70, 76
Heidelbeere 31, 34
Helmling 74
Herzblatt 65
Hermelin 31, 40, 53, 101
Hexenkraut 75
Himalaja-Scharte 95
Himalaja-Schneeleopard 27
Himalajatanne 19
Himalaja-Zwerghamster 101
Hirsch 75
Hochmoorgelbling 75
Höckerschwan 89
Hohlfußröhrling 21, 70
Hohltaube 20
Holunder-Arzneibalsam 40
Honiggras, Weiches 40, 46
Hornklee 40, 46, 47
Hornkraut, Einblütiges 96, 101
Hornmilbe 55, 75
Hummel 59
Hundsflechte 52
Hundszahnlilie 24
Hungerblümchen 55
–, Immergrünes 52

Igel 24
Igelkolben 89
–, Einfarbener 89
–, Schmalblättriger 89

Jacquin-Pippau 62

Kahlkopf 70
Kälberkopf 66
Kalk-Blaugras 42
Kamm-Spaltzahnmoos 62
Karmingimpel 31
Karpatenbirke 31, 70
Karpaten-Rittersporn 58
Karpaten-Winterhafte 96
Kellerassel 26
Kiefer 18, 35, 76
Kiefernbuschhorn-Blattwespe 104
Kiefernschwärmer 20
Kieselalge 83
Klee 46, 47
Kleiber 16, 20
Kleinwühlmaus 16, 101
Knabenkraut 65
Knöllchenknöterich 52
Knöterich 46, 67
Köcherfliege 65, 70, 79, 80, 81, 82, 83, 89, 91
Kohlmeise 20
Kolkrabe 96
Kondor 95, 101
Kopffüßer 55
Kornblume 43
Krähenbeere 34, 72, 74
Krallensichelmoos 66

Kratzdistel 40, 44, 46, 76
Krautweide 96, 100
Krebse 85
Kreuzkraut 44
Kreuzspinne 40
Kriebelmücke 80, 89
Krokus 44
Krüppel-Lärche 37
Krustenflechte 54
Krustentiere 91, 92
Küchenschelle 49
Kugelblume, Herzblättrige 52, 55
Kugelranunkel 40
Kuhschelle 44, 49
–, Weiße 49
Kurzkopfhummel 46

Laichkraut 92, 93
–, Grasartiges 89, 93
–, Langblatt- 93
Lama 57, 59
Landkartenflechte 54
Lapplandweide 36
Lärche 19
Lärchenröhrling 21
Lärchenwickler 16, 22
Latschenkiefer 31, 35, 74, 106
Laubmoos 16, 61, 65
Lauch 65
Laufkäfer 58, 75, 99
–, Blauer 16
–, Fabricius 96
–, Goldglänzender 40
–, Gyllenhals 81
–, Menetries 70
Läusekraut 46, 47, 57, 65
–, Buntes 44, 70, 72
–, Lappland- 70
–, Quirlblättriges 62
–, Sudetisches 47, 70
Lebensbaum 19
Lebermoos 61, 65, 100
Legföhre 35
Leinkraut 47, 55
–, Stängelloses 52, 57
Lemming 58, 75, 101
Lerchensporn 24, 25
Libelle 70, 75, 84
Lichtnelke 43, 47
Lilie 43, 76, 83
–, Kaukasus- 43
–, Krainer 43
Liliengewächse 21
Lippenbechermoos, Vielblütiges 66
Lobelie 37, 44
Löwenzahn 46
Luchs 27, 104
Lupine 47
Luzerne 47

Mannaflechte 54
Mannsschild, Schweizer 53, 55
Maräne 89, 91
Maronenröhrling 21
Märzenbecher 24, 83, 85
Mauerläufer 53, 96, 101
Mauerpfeffer 53
Mausohr 20
Mehlprimel 44
Meirich 96
Merlin 53, 70, 75
Milbe 25, 55, 99
Milzfarn, Grüner 62
Milzkraut 65, 67
–, Wechselblättriges 62
Mohn, Rhätischer 57
Mohrenfalter 43, 75
Molch 82
Moltebeere 70, 74, 75
Mönchgeier 59
Moorschneehuhn 75
Moos 72, 79
Moosbeere 31, 34, 70, 74
Moosfarn 21
Moosglöckchen 19
Moos-Steinbrech 96
Mornell-Regenpfeifer 40, 70, 75
Mosaikjungfer, Blaugrüne 77
Moschusochse 58
Moschus-Steinbrech 52, 96
Murmeltier 58
Muschel 55
Muschelkrebs 66

Nabelflechte 52, 53, 54
Nager 85
Narzisse 44
Nebelin 74
Nelkenwurz 44, 57, 96
Netzweide 52, 57, 101

Nieswurz 67, 80
Nonne 20, 22
Nonnengans 89, 91, 92
Nummulit 55

Opiz-Schaumkraut 67
Orchidee 21, 43
Ostgroppe 91
Ostschermaus 67

Paar-Steinbrech, Roter 52
Panda, Kleiner 27
Perlmuttfalter 40, 43, 75
Pestwurz 64, 67, 83
–, Gemeine 67, 80, 85
–, Rote 80, 85
–, Weiße 67, 80, 85
Pfeifengras 42
–, Blaues 67
Pfeifhase 58, 99, 101
Pfeileule 27
Pfifferling 16
Pflaumenbrandflechte 20
Pinselkäfer 48
Pippau 43, 44, 46, 47
Planarie 81, 83
Plattbauch 80
Plumprüssler 64
Plumpschrecke 40, 62
Polarfuchs 75
Polei-Rosmarinheide 74
Polstersegge 31
Porling, Schuppiger 20
Prachttaucher 89, 91
Preiselbeere 31, 34, 70, 74
Primel 44, 45, 46, 55, 100
Puma 59
Puppenräuber, Großer 20
Purpur-Hasenlattich 16
Pyrenäen-Gänsegeier 59

Quellmoos 62
Quirl-Weißwurz 31
Quirl-Zahnwurz 16

Rädertierchen 61, 75, 89, 90, 92
Ralle 91
Rasenbinse 74
–, Alpen- 75
Rasen-Haarbinse 70, 72, 75
Rasenschmiele 40
Raubspinne 70, 75
Rauhfußkauz 20
Rauschbeere 31, 34, 70
Regenbogenforelle 89, 91
Regenwurm, Gemeiner 16, 40
Reh 16
Reitgras 16, 31, 35, 40, 47
Reizker 21
Rentierflechte 74, 98, 101
Rentiermoos 26
Rhododendron 19, 36
Riedgras 42, 46
Riesenholzwespe 22
Riesenschlupfwespe 16, 20
Rindergämse 37
Ringdrossel 31, 75
Rippenfarn 31
Rispengras 42
Ritterfalter 43
Rittersporn 67
–, Hoher 62
Rohrkolben 91
Rollfarn 31, 96
Rosenmoos 66
Rosenfalter 66
Rosenwurz 53, 59
Rotband-Mohrenfalter 46, 85, 96
Rotfuchs 16, 20
Rothalsbock 20
Rotkehlchen 16
Rotschenkel 89, 91
Rotschwingel 40, 42
Rotstengelmoos 26
Rübling 26
Ruchgras, Gemeines 40
Rückenschwimmer, Gemeiner 89, 92
Ruderfußkrebs 89, 92
Ruhrkraut 96
Rüsselkäfer 64

Saatgans 89
Safranflechte 96, 100
Saftkugler 26
Saibling 84, 91
Salbei 43
Sauerampfer 46
–, Großer 57

–, Zweihäusiger 101
Sauerklee 16
Säugetiere 91
Schachtelhalm 23
Schaf 57
Schafgarbe 43
Schaumkraut 65
–, Alpen- 64, 101
–, Bitteres 64, 80
–, Resedenblättriges 64
Scheckenfalter 48
Scheinbuche 35
Schellbeere 70, 74
Schermaus 84, 91
Schichtpilz, Runzeliger 26
Schierlingstanne 19, 21, 35
Schildflechte 20
Schilf 91
Schlammschnecke, Große 89
Schlammsegge 74
Schlängelschmiele 35, 46
Schlangenknöterich 47
Schlangenmoos 31
Schlauchwürmer 75
Schließmundschnecke 16
–, Glatte 16, 20
Schlupfwespe 23
Schlüsselblume 44
–, Wulfens 44
Schmalbock 16, 20
Schmetterlinge 58, 67, 85
Schmetterlingsporling 20, 26
Schmiele 42
Schnabelmoos 66
Schnabel-Segge 89
Schnarrschrecke 40
Schnauzenschnecke 80
Schneckenkanker 80
Schnee-Enzian 45, 96
Schnee-Eule 75, 77
Schneefink 101
Schneefliege 99
Schneeglöckchen 24, 25
Schnee-Hahnenfuß 101
Schneehase 96, 101
Schneeleopard 95
Schneemaus 96, 99, 101
Schnee-Schüsselflechte 98
Schneeziege 59
Schnepfe 91
Schnirkelschnecke 20
Schöterich 43
Schraubenziege 59
Schulterläufer 70
–, Metallischer 75
Schuppenzweigmoos 66
Schüppling, Sparriger 26
Schüsselflechte 54, 70
–, Gelbe 20, 31
Schwalbenschwanz 39
Schwalbenwurz-Enzian 31, 45
Schwan 91
Schwarzspecht 16, 20
Schwarzstorn 16
Schwebfliege 20
Schwefelpilz 74
Schwimmkäfer 75
Schwingel 42, 46
Schwirrfliege 67
Sechspunkt-Putzläufer 40
Seeforelle 91
Seejungfer 80
Seelilie 55
Seerose 92
Segge 35, 42, 57, 65, 72, 73, 74, 91
Sequoia 19
Siebenschläfer 20, 27
Siebenstern, Europäischer 31, 70
Silberblatt 16
Silberfleck-Bläuling 40
Silberwurz, Achtblättrige 52, 57, 101
Simse 35, 46, 91
Simsenlilie 63, 65
Singdrossel 16
Singschwan 89
Sitkafichte 21
Sklavenameise, Grauschwarze 20
Skorpionswanze 75
Smaragdlibelle 80
Sonnentau, Rundblättriger 62, 70
Spatenmoos, Welliges 66
Spießmoos 66
Spinne 99
Spinnweben-Hauswurz 53
Spitzkiel 46, 47
Spitzmaus 24, 84
Springfrosch 82
Springschwanz 25, 26, 99
Steinadler 53, 101

109

Steinbock 37, 48, 53, 57, 96, 101
Steinbrech 55, 56, 57, 58, 65, 101
–, Bursers 52
–, Gegenblättriger 100
–, Immergrüner 65
–, Langblättriger 53
–, Nickender 65
–, Wasser- 65
Steinfliege 81, 83, 99
Steinhummel 46
Steinläufer, Brauner 20, 26
Steinmarder 20
Steinpilz 16
Steinrötel 53
Steinschmätzer 53, 96
Stelzmücke 67
Sternmoos, Punktiertes 20
–, Verwandtes 66
–, Welliges 66
Stern-Steinbrech 62
Stinkeibe 19
Stinkmorchel 16
Stockschwämmchen 20, 25, 26
Storchschnabel 40, 67
Strandhafer 46
Straußgras 46
Streifenfarn, Grüner 63
Strudelwürmer 65
Stumpfblatt-Weide 57
Sudeten-Zwergmispel 31
Sumpf-Blutauge 70, 74
Sumpfdeckelschnecke 89
Sumpfdotterblume 67, 80, 83, 92
Sumpfenzian 62, 65
Sumpf-Haubenpilz 70
Sumpfhäubling 70
Sumpf-Herzblatt 62
Sumpf-Knabenkraut 62
Sumpflaufkäfer 70
Sumpfmaus 62, 67, 70, 75, 81

Sumpfmiere 62
Sumpf-Veilchen 70

Tahr 37
Talin 37
Tanne 18
Tannenbärlapp 31
Tannenhäher 36
Tannen-Teufelsklaue 31
Tannenwedel 89, 92
Täschelkraut 57
Täubling 21
Tauchkäfer 84, 91
Tausendblatt, Wechselblättriges 89, 92
Teichmolch 80
Teichrose, Gelbe 76, 89, 91, 92
Teichsimse, Gemeine 89
Thorshühnchen 89
Torfbeere 70, 74
Torfmoos 70, 72, 73, 74
–, Gekrümmtes 70
Trägrüssler, Großer 40, 80
Trauerschnäpper 16
Trollblume, Europäische 40, 67
Tüpfel-Enzian 31, 45
Türkenbund 43
Turmfalke 53

Uferfliege 81, 83, 84, 89
Uferschnepfe 89
Uhu 16
Ulme 18
Ungar-Enzian 31, 44, 45
Urial 37
Urinsekten 24, 25
Urtierchen 25

Veilchen 43, 44, 47, 65
–, Zweiblütiges 62

Vielfraß 37, 75
Vielfüßer 25
Viscacha 58
Vogelbeere 16, 31
Vogelmiere 65

Wacholder 19, 35
Waldameise, Rote 20
Waldbaumläufer 16, 20
Waldeidechse 31, 53, 70
Waldohreule 16
Waldschachtelhalm 67
Waldschnepfe 89
Waldschnirkelschnecke 64
Waldspitzmaus 16, 20, 67
Waldwühlmaus 31, 58
Wandersaibling 91
Wapitihirsch 77
Wasseramsel 79, 80
Wasserassel 65, 84
Wasserfloh 66, 92
Wasserhahnenfuß, Großer 89, 91, 92
Wasserlinse 92
Wassermilbe 65
Wassermoos 74
Wasserpieper 31, 53, 63
Wasserschlauch 92
Wasserspitzmaus 80
Wassertreter 91
Wasserwanze 75
Wegschnecke, Große 16, 20
Weichtiere 91, 92
Weide 35, 36, 74, 80
–, Alpen- 57
–, Kitabele- 57
–, Quendel- 57
–, Schlesische 31
–, Strauch- 57
Weidenröschen 65
–, Alpen- 64

–, Erlenblättriges o. Erlenblatt- 62, 64
–, Nickendes 64
Weißbuche 16
Weißrand-Schlüsselblume 44, 53
Wespe 20
Wicke 43, 47
Widertonmoos 74
–, Sechskantiges 96, 100
Wiesenhummel 46
Wiesenkammgras 42
Wiesenpieper 31, 40, 67, 70
Wimpernfarn 62
Winterhafte 99
Wolf 27
Wolfsmilch 19
Wolfsspinne 70, 75
Wollgras 72
–, Scheidiges 70, 74, 75
–, Scheuchzers 74, 89, 75, 92
–, Schmalblättriges 70, 74, 75
Wucherblume 43
Wühlmaus 24, 58
Wundklee 47
Würmer 75, 91, 92
Wurmfarn 31
Wurmflechte 96, 98, 100

Zackenmütze 52
Zuckmücke 67, 89
Zunderschwamm, Echter 20
Zweiflügler 99
Zwergbirke 70
Zwergenzian 44, 96
Zwerg-Hahnenfuß 101
Zwerg-Himmelsherold 53
Zwergmaus 62, 70, 75
Zwergprimel 44, 47, 53, 62, 101
Zwergspitzmaus 31
Zwergstrandläufer 89
Zwergwacholder 96

Sachregister

Abisko 106
Ablagerung 10
Abtransport 10
Adirondacks 11
Adyl-Su 39
Afrika 11, 106
Alaska 18, 19, 72
Alborz 12
Algerien 12
Almweidewirtschaft 33, 104
Alpen 11, 12, 36
Alpenendemiten 56
Alpenmatten 13, 42, 46, 61
Alpinstufe 11, 13, 46
Altai 12
Anden 11, 12, 56, 58, 101
–, Patagonische 7, 12
Anemogamie 43
Anthocyanidine 42
Apalachen 12, 19
Apennin 13
Ararat 11
Archaikum 11
Archegonium 73
Argentinien 106
Asien 11
Atlas 11, 12
–, Kleiner 12
Ätna 11
Australien 106
Australische Alpen 12

Bachaue 67, 83
Baikalsee 90
Bakterien 24, 25
Banff-Nationalpark 87, 106
Benthos 91
Bergmischälder 8, 24
Bergnadelwälder 8, 15
Bergnebelwälder 19
Bergsee 87, 90, 91, 92, 93
Bergwiesen 8, 39, 42, 43, 44, 46, 48, 103
Besswatnet-See 92
Biomasse 24
Black Hills 11
Blütenstand 43
Boden 12
Bodenfeuchtigkeit 10
Bodenhorizont 46

Bodenkrume 33, 42, 51
Bodenstockwerk 29
Böhmerwald 13
Bruchgebirge 11
Bulte 74

Canon 10
Chile 106
Chimborazo 11
China 106
Chlorozyten 73
Cotopaxi 106

Dauerfrostboden 72
Deflation 48
Denali 106
Denudation 10, 11
Destruenten 21
Devils Tower 12
Djurdjura-Gebirge 12
Dolomit 51
Dolomiten 8, 12, 13, 15, 92
Domgebirge 10, 11
Drachenberge 12
Dreizinnen 12
Düngung 47, 48

Ecuador 106
Einbruch 11
Eiskörner 99
Eiskristalle 98, 99
Eisnadeln 100
Eiswabe 32
Elbrus 11, 54
Emission 103
Endmoräne 98, 99
Engadin 106
Enzym 25
Erdbeben 10
Erdkruste 10
Erdmantel 10
Erdoberfläche 10
Erdrutsch 103
Erdscholle 11
Ergussgestein 10
Erosion 10, 11, 103
Europa 11

Faltengebirge 10, 11
Faltung 10, 11

Fastebene 10, 12
Felsklippen 10, 12
Felswand 11, 12, 33, 46, 51, 54, 55, 56, 57
Fichtenmonokultur 103
Firnbecken 8, 98, 100
Firneis 98, 99
Firnfelder 8
Firnlawine 32
Firnschnee 98, 99
Fitz-Roy-Massiv 7, 12
Flechtentundra 98
Fleischfresser 21
Flusserosion 8, 11
Frankreich 105, 106
Fudschi-Itakone Izu 106

Gamsgrube 47
Gebirge 10, 11
Gebirge, vulkanisches 10
Gebirgsbach 67
Gebirgsbildung 10, 55
Gebirgstypen 10
Geophyten 24
Geröll 36, 47, 56
Geröllschutt 8
Girlandenböden 48
Gletscher 8, 12, 18, 64, 82, 90, 98
Gletschererosion 11
Gletscherfuß 98
Gletscherkar 8, 12, 32, 33, 46, 47, 67
Gletschermilch 98
Gletschermoräne 101
Gletschersee 8, 98, 99
Gletschertor 98
Glimmerschiefer 36
Gneis 13
Grajische Alpen 13
Grampian Mountains 13
Grand Teton 106
Granit 13, 36
Granitgebirge 42, 55
Granitkathedralen 7, 12
Gran-Paradiso 104, 106
Große Schneegruben 12
Große Seen 90
Großer Kaukasus 39
Grundlawine 32
Grundmoräne 98, 99

Hanggletscher 8
Hardangerjokulen-Gletscher 99
Hardangervidda 99
Harz 13
Hebung 10, 11
Helokrenen 64
Himalaja 11, 12, 36, 42, 59, 95, 101, 103
Hindukusch 12
Hochgebirgskarst 8, 51
Hochland von Äthiopien 12
Hochmoor 72, 73, 74, 74, 77
Höhenstufe 10, 12, 33, 58
Hohe Tatra 13, 47, 92, 103, 105
Hohe Tauern 13, 104, 106
Huascaran 106
Hügelland 13
Huminsäure 74
Humus 24, 47
Hyalozyten 73

Indien 11
Italien 36, 106

Jahresringanalyse 21
Jahrestrieb 32
Japan 106
Japanische Alpen 12, 36
Jasper 106
Jotunheim 12, 13, 92
Julische Alpen 13, 51, 57, 104
Ju-Schan 106

Kali 46
Kalifornien 12
Kalkalpen 36, 42
Kalkstein 13, 51
Kalksteingebirge 42, 55
Kalziumkarbonat 56
Kanada 18, 106
Karpaten 11, 12
Kaukasus 11, 12, 42
Kerbtal 8, 11, 82
Kiesbank 82
Kilimandscharo 12, 19, 45, 106
Klamm 79, 82, 83
Knieholz 13, 33, 35, 36
Kociusco 106
Kodiak 19

Kohlendioxid 11, 21, 54
Kohlenstoff 25
Kolk 74
Kollosionszone 10
Konsumenten 21, 84
Kordilleren 11, 12, 19
Korsische Alpen 13
Krakatau 11
Kriechschnee 35, 48
Kristallalpen, Zentrale 8
Krummholz 35
Krüppelbäume 34
Krüppelholz 29
kryogen 100
kryophil 99

Laubwälder 8, 24
Lawine 32, 33, 35, 37, 48, 57
Lawinenabgang 32
Lawinenbahn 33, 36
Lehm 12
Lignin 25
Limnokrenen 64
Lithosphäre 10
Litoral 91
Los Glaciares 106
Luftfeuchtigkeit 10, 12
Luftverschmutzung 103, 104

Maar 90
Mangrt 104
Meerauge 90
Mesozoikum 11
Mischwälder 24
Misurina 92
Mittelmoräne 98
Montana 12
Montanstufe 11, 13, 34
Monte Cristallo 11
Mooraugen 72, 74
Moore 8, 69, 74, 87
Mount Cook 106
Mount Kenya 12, 45, 56
Mount St. Helens 11
Mykorrhizapilze 77
Myzel 21, 24

Nacheiszeit 48
Nahrungspyramide 79, 83, 84
Nationalparks 106
Nepal 103, 106
Neuengland 18
Neuschnee 32, 98
Neuseeland 106
Neuseeländische Alpen 12
New York 11
Niedere Tatra 35
nitrophil 46
Nivalstufe 11, 13, 91, 95, 98, 100
Nordland-Nadelwälder 8, 13, 15
Nordlandtundra 8, 74, 101

Norwegen 12, 66, 99
Nüsschen 43, 75

Oberflächenwasser 90
oligotroph 92
Olymp 13
Olympic Mountains 19, 106
Orogenese 11
Österreich 104, 106
Ozean 10, 64

Paläozoikum 11
Pamir 12
Pangäa 10
Panschegrube 33
Parnass 13
Pelagial 91
Permafrost 72
Peru 106
Peyto-See 87
Pflanzenfresser 21, 103
pH-Wert 42
Phosphor 25
Photosynthese 54
Phytoplankton 91
Pirin 13
Pod Bystrou 35
Podsol 46
Pollen 76
Prädator 84, 103
Präkambrium 11
Produzenten 21
Prothallium 23
Pumori-Massiv 12
Pyrenäen 11, 12

Quellbach 64, 66
Quellen 61, 73
Quellgrund 67, 73

Ramsar-Konvention 69
Regenwald 19
Rheokrenen 64
Riesengebirge 12, 13, 33, 66, 69, 105, 106
Riesentöpfe 82
Rila 13
Rocky Mountains 59
Rohhumus 46
Röhrenblüten 43
Rondane 64
Ruwenzori 12, 106

Sagarmatha 106
Sand 12
Sandbank 82
Saprophyten 21
Sauerstoff 11, 54, 73
Savoyer Alpen 13, 105
Schlenke 74
Schlucht 12

Schmelzwasser 73, 99, 100
Schneebrettlawine 32
Schneedecke 32, 34, 35, 36, 48, 98, 100, 105
Schnee-Diagenese 99
Schneefelder 100, 101
Schneegrenze 37, 98
Schneekristalle 98
Schneelawine 13, 33, 34
Schneemulden 100
Schneeschicht 32
Scholle 10
Schollengebirge 10, 11
Schottisches Hochland 11
Schuttflora 58
Schutthalde 12, 33
Schuttkegel 11
Schwarzwald 13
Schweden 106
Schweiz 106
Seitenmoräne 98, 99
Sierra Nevada 11, 13, 23, 35, 106
Silikatgebirge 46
Silikatgestein 36
Skandinavien 1, 34
Skandinavisches Gebirge 11, 12
Slowakei 105
Slowenien 51, 92, 104
Solifluktion 48
Soropollenin 76
Spermatozoide 73
Sporangium 23, 73
Sporen 23
Starolesňanské pleso 92
Staublawine 32
Steinkohleflöz 76
Steinlawine 13, 34
Steinpolygone 100
Stelvio-Nationalpark 36
Stickstoff 25, 46, 47, 74
Strauchstockwerk 24
Sturzquelle 64, 66
Subalpinstufe 34
Submontanstufe 11, 12
Subnivalstufe 11, 12, 91, 98
Sukkulent 56
Sumpf 64
Sumpfquellen 64, 67
Symbiose 77

Taiga 15, 37
Tal 12
Talgletscher 8
Tasmanien 56
Tatra 36
Temperaturgradient 32, 33
Tersko-Tal 54
Tertiär 90
Teton Range 11
Tiefebene 13
Tiefenwasser 90

Tienschan 12
Torf 69
Torfmoor 69, 76
Torres del plain 106
Touristik 103, 104
Transsylvanische Alpen 13
Triglav 51, 54, 92, 104
Trogtal 8, 10, 82, 98
Tschechische Republik 66, 105, 106
Tschukotka 12
Tufur 48
Tümpelquelle 64
Tundra 69, 72, 75

U-Profil 8, 98
Urkontinent 10
UV-Strahlung 10, 42

Vanoise 106
Vegetationsstufe 10, 12, 13, 33, 34, 82
Vegetationszyklus 24
Venezuela 106
Vereisung 18
Verholzung 32
Verwerfung 11
Verwitterung 11
Vesuv 11
V-Profil 8
Vulkangebirge 11
Vulkanismus 11
Vulkantätigkeit 10

Waldgrenze 29, 33, 34, 36, 42, 45
Wärmeabsorption 43
Washington 19
Wasserkreislauf 64
Wasserstoff 21
Wechte 33
Wegener, Alfred 10
Werchojansker Gebirge 12
Wetterfahne 33
Wildbach 66, 79
Wildwasser 82
Windbestäubung 43, 49
Windgeschwidigkeit 32
Windhang 34
Windkante 34

Yellowstone-Nationalpark 45, 106
Yellowstone River 10
Yosemite Valley 12, 106

Zagroz 12
Zellulose 25
Zersetzung 25
Zungenblüten 43
Zwischeneiszeit 48
Zwischenkultur 47
Zygote 23